U0506407

让我们

一起追寻

武士缔造的
战乱之都

京都
的
诞生

「京都」の誕生──武士が造った戦乱の都

〔日〕桃崎有一郎 著

徐一彤 译

社会科学文献出版社
SOCIAL SCIENCES ACADEMIC PRESS (CHINA)

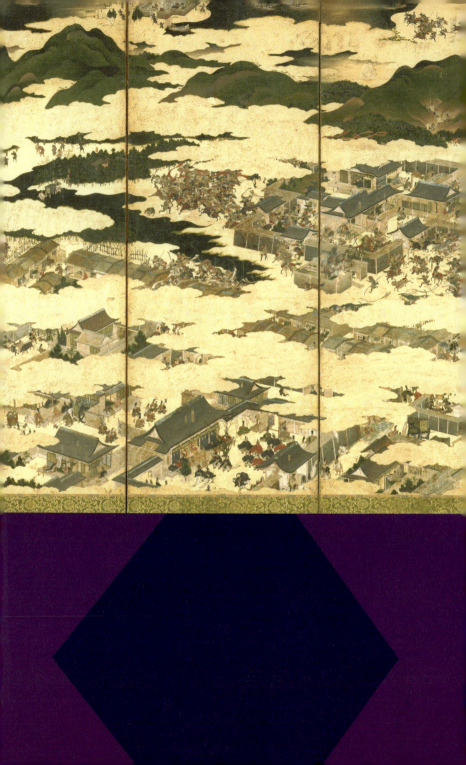

目　录

前言 当"平安京"变成"京都"

"平安京诞生于何时？"若被如此问到，大多数日本 人想必会脱口而出："黄莺鸣，平安京。"① 可如果把问题换成"京都诞生于何时"，大多数日本人恐怕会感到困惑：在平安京诞生时，京都不也诞生了吗？这种问题的提法本身便是令人无法想象的。

不过，本书的出发点正在于此。"平安京和京都不一样"，读者诸君对此或许感到不可思议，但如果看到笔者接下来的论述，应该就能更好地理解这一论断。首先请回忆一下访问京都时的风景名胜。神社与佛寺当中，最为知名的当属清水寺、金阁寺、银阁寺、上贺茂神社、下鸭神社、知恩院、三十三间堂、北野天满宫和平等院凤凰堂，

---

① 原文为"鳴くよウグイス平安京"，其中"鳴くよ"与日语中"794"三个数字谐音，这是一句指代"平安京建成于公元794年"的顺口溜。（本书脚注均为译者注或编者注，后文不再特别说明。）

等等；如果提到风情浓郁的繁华地带，则有祇园的花街、先斗町的餐饮街、鸭川的滨河道和岚山等观光胜地。

但事实上，上述所有代表"京都"的观光名胜地当中，没有一处位于"平安京"之内。要说位于平安京范围内最著名的景点，大概也只有东寺了（就连京都御所也有相当一部分延伸到了平安京旧址之外）。除了在京都站上下车时以外，游客甚至一步也不用踏入平安京。

4　　　今天的京都城区已扩张到平安京旧址以外，包括了诸多后来开发的地段。时至今日，这样的关系反而主客颠倒，位于平安京以外的城区表现出"我们才是正宗古都"的样子。请读者诸君回想一下平安京最典型的特征是什么：那是由同样大小的正方形城区组成的"棋盘状"土地区划。这是所有上过历史课的日本人都知道的常识。但在漫步于上文提到的诸多景点时，我们看到的道路和土地并不是按"棋盘状"分布的。这些有"京都味"的风景名胜，其实完全没有"平安京味"。

神社与佛寺是"京都味"的极致体现，但正如上文所说，京都著名的神社和佛寺往往不在平安京内。这是为什么？其实，这是因为从前的平安京有一项"不许在京内建造寺院之类建筑"的规定。若干年前京都被选为世界文化遗产时，神社与佛寺的景观构成了当选的主要理由（十七处遗迹，除二条城以外皆为佛寺与神社，其中十三处为佛寺），可能有人会对此感到惊讶，但这绝非无稽之谈。或许有人会指出"难道东寺不在平安京内吗"，并举出不止一个在平安京范围内的寺院的例子。但东寺是特例，最初就是平安京的一部分（见页边码第85页）。其他寺院如果不是在江户时代建造的，就是以各种手段宣称"本设施不是佛寺"，从而蒙混过关的产物（见页边码第90页）。从古代到中世，平安京内除了东寺（和与其相对的西寺）以外没有其他寺院。

　　既然"没有佛寺"构成了"平安京味"的关键，这就与"京都旅游约等于参拜佛寺"的"京都味"完全相反。京都虽然是以平安京为基础建立的，却没有被平安京的设计思想所束缚。从"平安京"到"京都"，改变的既不只是名字，也不只是城市的规模大小。在历史上，平安京的周边地区逐渐发展出性质与平安京截然不同的新城区，这些新城区和经过历史淘汰而留存下来的平安京古城区连成一片，形成了一个整体，开始发挥崭新的功能，这个新的整体便是"京都"。平安京无法满足人们的期待，承载起"京都"应承载的功能，每当人们意识到这种功能缺陷无法得到解决时，孕育"京都"的动力便增强了。而事实上，这样的一个过程在历史上能够找到对应的时期。那么，人们为什么以及又是从什么时候开始称这座城市为"京都"的呢？这就是本书要解答的主要问题。

京都的诞生：武士缔造的战乱之都

平安京的城区并没有全部得到充分的利用［参见笔者旧著《大而无当的平安京》（『平安京はいらなかった』）］。一方面，平安京中过于潮湿的右京地区（西半部分）和地势低洼、易受水灾侵袭的南部不适合居民居住，而且原本平安京本身也无法吸引足够多的人口定居，因此这座城市未能像最初的规划那样得到全面开发。学校教科书里刊载的"平安京图"所描绘的也只是桓武天皇本人的空想，并不是历史的现实。一些居民虽也曾尝试在右京和平安京南部居住，但最终还是逐渐从当地搬出，平安京的人口逐渐向左京四条以北，即平安京东半部分的北部集中。

另一方面，平安京的左京也在逐渐与平安京以外的新开发地段连成一体。这些新地段中最具代表性的当属平安京南郊的政治中心鸟羽、鸭川东岸的寺院城区白河，以及白河以南的武士聚居区六波罗。在这些城区的基础上逐渐连接、发展而成的城市"京都"便是本书的主角。

所谓城市，往往发端于建城者强烈的建设意识，其状态也强有力地反映了建城者的观点和理念。换言之，追寻"京都"诞生的来龙去脉，也就等同于追究是谁基于什么样的理由让"平安京"逐渐变成了"京都"。在这些人当中最为重要的，当属白河、鸟羽城区的缔造者白河法皇、鸟羽法皇，以及从零开始把六波罗经营成一大武士聚居区

6

的平家三代家主（平正盛、平忠盛、平清盛）。

如果没有院政和平家的影响，所谓的"京都"是绝对不会诞生的。尤为值得注意的是，出身武士的平家从出人头地到平清盛一代位极人臣的过程与"京都"从诞生到粗具规模的过程完全重合。我们由此自然可以得出一个重要的结论：武士在都城（平安京）登场并最终站上权力之巅的过程，是"京都"从诞生到趋于完成的过程中一个不可或缺的环节。

在京都当地，人们很少谈论武士（尤其是以关东为根据地的镰仓幕府和江户幕府）在京都发挥了怎样的作用，甚至还有一些夸张的观点认为武士"只是些在京都大闹一番后拂袖而去的野蛮外地人"。在旅游业和大众媒体塑造的形象中，住在京都的天皇总是扮演老好人的角色，武士总是受到批判或被彻底忽略。镰仓幕府在承久之乱中与天皇一族爆发战争，不但废黜了天皇，还流放了三位上皇；江户幕府也对天皇采取压制政策。京都既然是一座以天皇为立城之本的城市，当地人对这样的幕府感到反感也不是不能理解，但这只是一种纯粹的乡土情结，除了有商业价值之外并无意义，与京都真正的历史也没有多少关系。

以京都和武士的关系为主题的书籍在市面上为数众多，但只有本书提出武士也是缔造"京都"的主人公之

7

京都的诞生：武士缔造的战乱之都

一，这是本书的原创性所在。而且武士起源于"京都"诞生之前，因此本书首先将从武士如何利用平安京，平安京又如何反过来利用武士这一话题开始探讨。接下来，在武士时代真正来临，亦即源平合战①及其前夕的数年间，京都曾经历了一场浩劫。虽然笔者理应论述镰仓时代的京都是如何从这场浩劫中复兴的，但因篇幅有限，此次只能在介绍"京都在这场毁灭之前发展到了何种程度"之后收笔。

　　笔者希望读者诸君在手捧本书阅读时，也能再度踏足京都，实地探访一番。通过此书，让读者在从京都站下车的那一瞬间开始便能穿越八九百年的历史，回忆起"京都"诞生的漫长过程，并将散落各地、彼此孤立的名胜联系起来，切身感受到贯穿其间的完整叙事，这便是笔者在写作时抱有的期待。如果读者诸君在阅读本书之后能从同样的景点发现截然不同的景致，即便站在毫无风情可言的新干线站台上也能有怀古之情，笔者将不胜欣喜。

---

① 指12世纪末发生在掌握中央政权的平清盛一族与其反对者之间的大规模内战，因反平氏一方的领袖多为源氏之后（源赖朝、源义仲、源行家等），俗称"源平合战"（根据战乱爆发时的年号，也被称为"治承寿永之乱"）。源赖朝最终在内战中击败平家、源（木曾）义仲和弟弟源义经等竞争对手，在镰仓建立了武家政权。

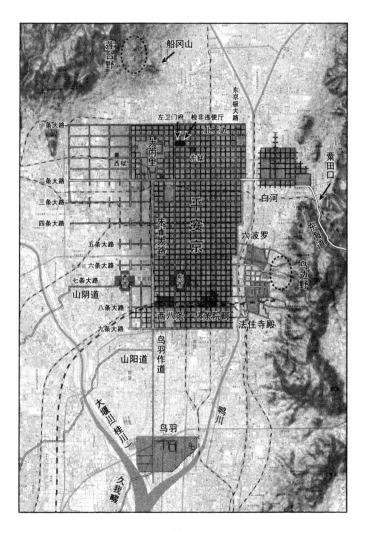

图 1　构成"京都"的主要区域（基于山田邦和，2012 加工）

第一章　依赖武士的平安京
与朝廷的治安

——"狱门"和武士凯旋式的成立

守护京城治安的机关:
京职、弹正台、卫府

在平安京的历史上,如"平安"之名一般和平的时期寥寥无几。究其原因,是因为在日本朝廷迁都平安京约半个世纪之后,名为"群盗"的恶性强盗团伙开始在京城与地方社会大量涌现。关于这一问题,笔者在《探求武士的起源》(『武士の起源を解きあかす』,见本书参考文献部分)一书中已有详细叙述,可供读者参考。

在日本朝廷中,有三个机构负责维持京城的治安,它们分别是京职、弹正台和卫府。京职是负责监管京城居民各种生活事务的部门，分为管理左京地区的左京职和管理右京地区的右京职。在迁都平安京七年以后的延历二十年（801），桓武天皇为左右京职配备了四百八十名士兵（《类聚三代格》十八），这些士兵以二十人为一班，分为二十四班，每班士兵每年出勤十五天，负责在天皇外出时于宫中和京城中充当先驱（负责走在队列前端，驱散路人，清除障碍），并在平时负责宫中各个地方的警戒。平安时代初期以后，这些士兵的工作重点逐渐向风纪管理倾斜，开始以整顿破坏（例如私自改修水路）或污染城内街区的行为，以及监督疏于洒扫之责的官衙、官吏与居民为主业。

　　负责监督京职工作的是弹正台。弹正台是负责弹劾贵族与官吏违法乱纪之举的机构。从平安时代初期开始，弹正台就与京职一道在京中展开巡检，从 9 世纪中叶起，又制定了京职每十日就要骑马进行一次巡检，弹正台每隔一个月进行一次巡检的制度（《类聚三代格》十六）。承和十年（843），弹正台还曾以监管不力、坐视居民违法为由，申斥了正在巡检的京职属员（《续日本后纪》）。

　　不过，京职与弹正台不是以战斗为前提的暴力执法机关，没有能力应对那些名为"群盗"的恶性犯罪团伙。此外，群盗擅长骑射之术，手段十分了得，并非等闲之

13

辈。所谓骑射，指的是骑在马上引弓射箭的技术，这不是平日忙于生计的农民所能掌握的技能，只有领主阶级（既是消费者，也是支配者）才能花费大量时间与金钱习得，并长期锻炼、维持，可谓特权阶级的专属技能，在火绳枪传来以前也是日本最强、最高端的一门武艺。在当时掌握了骑射之术的多为在官僚晋升的角逐中落败的中央末流贵族，以及在地方上扮演话事人角色的所谓郡司富豪阶层（世袭的基层地方官员和土豪农民）。① 他们为了在地方上（通过掠夺同一阶层的弱小成员和百姓）生存下去，充分发挥了骑射这一特长。在这些人当中，有人狐假虎威，成为中央贵族的下属，也有人结伙为寇，后者便是所谓的群盗。

对付这些群盗的工作由同样以战斗和武艺为主业的卫府负责。卫府是对当时朝廷中由武官任职的部门的总称，在平安时代初期嵯峨天皇在位时共设有近卫府、卫门府、兵卫府，因为上述三个机构各分左右两府，因此统称为"六卫府"。近卫府负责守卫内宫的各处大门，以及在天皇外出时充当卫兵；卫门府负责守卫宫城的各处大门；兵

---

① 日本律令制的地方行政采用"国郡里"三级区划，令制国的长官"国司"（也称"守"）为中央直接任命，以四年为期，郡的长官"郡司"多由地方氏族领袖在国司举荐下担任，在基层社会与律令制行政体系间充当中介。

卫府则负责监督兵卫守护宫中各处设施，并在天皇出入宫 14
城时担任卫兵。

在平安京里，从向居民宣告夜晚已至的"夜鼓"声落到报晓的"晓鼓"响起之间，居民不得外出（《养老令·宫卫令》）。在夜鼓与晓鼓之间的夜晚时分，卫府会发起名为"夜行"的巡逻行动，在京城街道上巡回检查，盘问违反宵禁的人员，若没有迫不得已的事由（如急于通报死讯，抑或为病人求医问药）就将其逮捕。

没有效果的"夜行"：
素质低下的一线队伍

在平安京内搜捕盗贼也是卫府的工作内容之一，根据史料可确认，最晚在承和四年（837），卫府已经开始执行这一任务（《续日本后纪》）。第二年，即承和五年，地方社会正式进入所谓的"群盗时代"；再过两年之后，进入承和七年，平安京也开始遭到群盗侵袭。卫府的工作重心因此转移到夜行与搜捕盗贼上来，朝廷也屡次发布法令，试图巩固并落实维持治安的体制。

然而，制裁群盗的工作毫无进展。史书记载，在嘉祥三年（850），"盗贼为群……或暗中放火，或白昼掠人"（《续日本后纪》）；在齐衡二年（855），"京师多盗，掠

夺人物"（《文德天皇实录》）。群盗的实力逐渐增长，活
15 动范围也日益扩大。为应对这一变化，卫府的搜捕行动范
围扩大到畿内五国（除京都所在的山城国之外，还包括
周边的大和、摄津、河内、和泉四个令制国）乃至宫城
（天皇宫殿所在的"大内里"）。这表明，此时群盗已有能
力潜藏在天皇近处。

在这一时期，朝廷中管理马匹的机构"马寮"也开
始参与搜捕工作，搜捕群盗的力量得到了增强。马寮的官
员不是武官，也不是骨干战斗人员，但他们负责为卫府武
官提供并管理行动时骑乘的马匹。之所以在搜捕时需要骑
马，是因为卫府武官的追捕对象——群盗也在使用马匹，
具有很强的机动性。

即便得到马寮的增援，夜行巡逻仍没有如预想的那样
发挥作用，至于其中的理由，可以从贞观①十八年（876）
朝廷发布的警戒令中一窥端倪。朝廷在这项命令中规定
"由左右近卫府、左右兵卫府中选拔勇猛精干者，于京中
每夜巡行"，这是史书中第一次记载朝廷从卫府属员当中
选拔精英处理群盗问题。这一记载表明此时卫府的普通属
员已无力对付群盗了，究其原因，是因为他们的战斗力过
于低下。

---

① 日本清和、阳成两代天皇使用的年号，始于 859 年，终于 877 年。

卫府的组织结构分为身居上级的"官人"与受其领导的"舍人"。所谓官人，在近卫府指的是长官近卫大将，次官近卫中将、近卫少将，以及第三等官"将监"和第四等官"将曹"；在兵卫府和卫门府指的是长官"督"、次官"佐"、第三等官"尉"以及第四等官"志"。这些官人都来自平安京的贵族阶级。

与此相对，舍人构成了卫府的一线行动部队，他们多是从地方社会的郡司富豪阶层中征调而来，隶属于近卫府的舍人被称为"近卫"，隶属于兵卫府的舍人被称为"兵卫"，但更稳妥的说法应为，统辖"近卫""兵卫"等舍人的机构在当时被分别称为近卫府、兵卫府。近卫府名下的近卫员额为六百人，兵卫府名下的兵卫员额为四百人（《延喜式·左右近卫府、左右兵卫府》）。

16

卫府舍人本应从弓马娴熟之人中遴选征调，组成强大的执法力量，但他们在现实中完全没有发挥作用。这首先是因为登记在籍的舍人在现实中往往并不在岗，大多数在籍舍人都没有实际参与工作，这一点令人吃惊。贞观十三年（871），因平安京的盗贼过于猖獗，卫府开展了高强度的夜巡行动，但即便将官人计入，能够参加夜巡的也只有十人。七年后的元庆二年（878），卫府为应对群盗的大规模侵袭再次进行夜巡，能够调动的人手包括官人在内仍只有二十人。在群盗问题面前，卫府的一线部队不但在兵力上捉襟见肘，在素质上也十分糟糕。舍人们只顾享受其身份带来的免税特权，不但不上京履职，还在地方上胡作非为，甚至与群盗并列，被斥为"蠹害"。这表明舍人不但没能派上用场，反而扰乱了社会秩序，与群盗沦为同类。

此时有人提出，既然卫府如此不中用，不如让平安京的居民自力维持秩序。根据这一新制度，平安京中每五户邻家结为一"保"，以管理市井生活、维持治安。每保设一保长作为长官，在保长的监督下，相邻的五户人家可以互相监督，防范违法行为，也可掌握人员出入情况，一保之中若有人家外逃，另外几户也将被追究连带责任（《养老令·户令》）。不过，出身皇族或贵族的所谓"王臣家"没有入保的义务，又杂居于京内庶民之间，阻碍了这种自力执法体系的形成。虽然在贞观四年（862），朝廷曾订立法律，要求王臣家加入京内诸保（《三代实录》），但这项法律不含惩罚性规定，因此没有得到遵守。

在昌泰二年（899），朝廷虽在上述法律中加入了对应的惩罚条款（《类聚三代格》二十），最终仍未起到实际作用。这是因为在日本的律令体系下，皇族和贵族享受了极度的优待，王臣家之人和他们的子孙拥有免罪特权，无论犯下怎样的行径，基本都不会被判死刑，甚至不必受罚。正因如此，这些大贵族和他们的爪牙可以肆意行事，无视法律规定，他们作为处在最上层的权贵，却在平安京形成了一股如同拥有治外法权一般的势力，朝廷与天皇都无法干预。这些贵族的私家权门如马赛克的碎片一般镶嵌在京城各地，不受朝廷法度约束，构成了中世京都基本面貌的滥觞。从这种意义上说，平安京是一座为天皇所有，却非天皇所能掌控的都城。

治安工作的救命稻草：检非违使

鉴于卫府和自治执法都不可依靠，检非违使就成了维持平安京治安的最后希望所在。

检非违使是 9 世纪初嵯峨天皇在平安京设置的执法部门，因为是不见载于《养老令》中的新设机构，检非违使属于所谓"令外官"，并非严格意义上的官职。检非违使并非完全独立的职务，而是附加在左右卫门府官人身上的一种身份。

检非违使的职责是"巡检京中非违（违法行为）"，既包括将犯罪者逮捕入狱，也包括调查犯罪事实并做出判决，是一个兼具执法、检察和审判职能的机关。检非违使的职能虽然与业已存在的官僚机构有重合之处，但京职以负责平安京民政事务为主要责任，只有在有余力时才会整肃京中风纪，弹正台虽可以监察、弹劾包括京职在内的各官府与朝臣，却不能直接对平安京行使职权。上述两机构皆为文官部门，无法应对有武装的群盗，而近卫府和兵卫府作为武官部门也过于弱小，不能遏制群盗问题。

正是在这一情况下，检非违使成了解决群盗问题的希望所在，这与检非违使只能由左右卫门府官人担任的特征有关。与近卫府、兵卫府不同，卫门府下只有官人，不设舍人，这是因为舍人大多缺乏勤劳意识和守法意识，派不上用场；在此基础之上，检非违使又要从卫门府官人中选拔擅长追捕犯人且精于刑律、善于断罪的专业人才担任，可谓精锐中的精锐。检非违使之所以能勉强承担京都的行政工作直到南北朝末期（14世纪末），靠的就是这种精英主义。

19　　贞观六年（864），朝廷将左右检非违使的工作地点从左右卫门府搬到了东西市市司的所在地（《政事要略》六十一）。市司是负责监管东市、西市两大官营集市的机关，之所以将检非违使这一遏制犯罪的机关设置在集市之内，是因为集市内既是犯罪多发地，也是对犯人执行处罚的场所。像集市这样大量集中货币与商品的场所会成为犯罪的温床，这一点不难想象。此外，史料也曾记载，在天长八年（831），一名女性因参与杀人被判在西市杖责六十（《类聚国史》八十七）。在集市上惩罚犯人可以让大量平安京居民围观，这种做法可以很好地遏制犯罪行为。

将检非违使的办公场所迁至集市，想必也是为了当场处理只需肉刑即可的轻罪犯，以提高业务处理效率。

在集市上，销售者每月制定一次"沽价"（定价），在向京职提出并得到盖章批准后，再根据这一价位出售商品。凡不遵沽价、低买高卖者皆当场逮捕并予以处罚（《延喜式·东市司》）。这虽然是市司的职责，但由检非违使来执行会更为简便，于是让检非违使兼任市司的想法萌生了出来。天历二年（948）四月，检非违使开始兼任市司权正①，即在市司定员之外增设的长官职位（《贞信公记》）。就这样，在平安时代中期，平安京治安工作对检非违使的依赖程度快速提升。

在群盗面前寡不敌众的检非违使精英部队

以追捕犯人为专业的检非违使在一定程度上遏制了平安京中的群盗现象，却没能将问题彻底解决。9 世纪末，群盗时常在平安京近郊的"近京""城边"之地构筑据点，以免遭到检非违使搜查，其中尤以淀川沿岸的山崎、与渡（淀）和大堰川（桂川）上的大井等"津"（渡口）

---

① 除此处的市司权正之外，本书其他地方出现的带有"权"字的官职皆为特定官职在定员外增设的职位，如"权大纳言"对应大纳言，"右兵卫权佐"对应右兵卫佐等。

最为猖獗。换言之，群盗只要将活动基地转移到京城附近的郊外地带（"京郊"），即可逃过检非违使的制裁。这些新的基地往往位于平安京周边河流下游的渡口附近，与平安京之间的交通十分方便，群盗从这里可以灵活地对京城发起袭击（群盗之所以大多将据点设于下游，更有可能是为了方便顺流而下逃跑，而非逆流而上袭击京城）。虽然检非违使随后也将搜查范围扩大到上述渡口，但史料记载，贞观十六年（874）十二月，检非违使曾写下了"目击到群盗后，绝不姑息，即便纠弹"的承诺文书，表明此时的检非违使也缺乏执勤的主动性，对群盗的行为视而不见。

第二年，朝廷颁布了《左右检非违使式》，首次就检非违使的工作细则做出规定，填补了律令的空白，这一法令的目的应当就是应对检非违使欠缺工作积极性的问题。检非违使原本只负责管辖平安京内，若将执法范围扩大到山崎、与渡、大井等地便无力监管，这或许才是检非违使怠政的症结所在。

21　　宇多天皇治下的宽平六年（894），朝廷为此前没有专用办公场所的检非违使安排了左右检非违厅，以作为他们处理日常业务的地点（《政事要略》六十一）。两处检非违使厅分别位于左右卫门府之内，这可能是因为卫门府内设有监狱，所以检非违使有必要在这里集中展开司法审判，以提高工作效率。然而，这项命令直到次年仍未落实，朝廷不得不再次发令催促，这可能是因为检非违使的业务过于繁忙，所以来不及搬迁。

同样在宽平六年，朝廷命检非违使每十日到大井、与渡、山崎、大津出巡一次，以"巡察非违"（《政事要略》六十一）。这一命令的内容与十九年前颁布的《左右检非违使式》大致相同，唯一的区别在于将出巡的范围扩大到平安京所在之山城国东边的近江国境内，首次包括了琵琶湖畔的大津。据史料记载，在宇多天皇的继任者醍醐天皇统治时期，昌泰二年（899）发生了"京畿群盗蜂起"的事态（《日本纪略》），延长九年（931）则出现了"近日群盗满京，掠人之物"的情况（《扶桑略记》），表明群盗问题并未平息。

入京"通勤"的群盗和"死机"的检非违使

检非违使并非没有努力过。延喜四年（904），检非违使曾因追捕群盗有功得到赏赐（《西宫记》临时五）；承平元年（931）十二月，检非违使与卫府还曾包围了一群在儒学者藤原菅根的旧宅中固守的盗贼，迫其降伏（《贞信公记》）；两年后的承平三年（933），朝廷再次制定了由卫门府、兵卫府、马寮每晚轮番巡夜的制度（《日本纪略》）。不过，上述努力只是杯水车薪，远不能彻底

22

解决群盗问题。

归根结底，群盗屡禁不止的原因在于与少而精的检非违使相比，犯罪者在人数上占据压倒性优势。在康保元年（964），一项回顾检非违使定员人数变迁的史料显示（《西宫记》临时一附注）：宽平七年（895），左右检非违使共有佐四人、尉四人、府生（下级职员）两人、左右别当（长官）两人，合计十二人；在天庆三年（940），检非违使定员中的尉增至十人，府生增至八人，另设置了志①六人，总人数达到三十人；但在天庆九年（946），又因志减少两人而减至二十八人。凭这些人承担平安京内的一切执法、检察与刑事审判工作，实在是过于紧张。

天庆二年（939）四月，为搜捕在平安京犯案的盗贼，检非违使的京外执勤范围在山崎、与渡的基础上又扩大到会坂、龙花越和大枝山等地（《本朝世纪》）。会坂即古代朝廷为防备畿内地区受到来自东方的攻击而设置的三关之一——逢坂关，位于近江国境内；龙花越（也作龙华越）是山城与近江两国交界处的一座山间要隘；大枝山（也作大江山）则是从山城向西通往丹波国的关口——老坂的所在地。在那之后，检非违使还在安和元年（968）

① "志"即日本古代律令制下官司的第四等官"主典"，主要负责文书上传下达等事务，在检非违使官制中次于长官"别当"、二等官"佐"与三等官"尉"，高于府生。

和天延四年（976）分别留下了在"京边之东西山野"和
"西京边土"搜捕盗贼的记录（《日本纪略》）。此时盗贼
的活动范围西迄丹波，东至近江，几成环绕京城之势，他
们平时散居于令制国边境地带的山野之中，如山贼一般过
活，一有机会便从郊外入京成为强盗，就像现代人"通
勤"一般。

　　随着群盗的活动范围不断扩大、活动轨迹越发分散，
检非违使渐渐无力应付，陷入"死机"状态。天历元年
（947），这一问题终于彻底爆发：检非违使因羁押的囚犯
过多而无法及时做出判决，监狱也被等待判决的囚犯挤
满，他们在条件恶劣的牢房中忍饥受冻，甚至有人等不到
判决下达便死在狱中。朝廷认为，检非违使的审判工作之
所以如此拖沓，是因为检非违使在作为审判者调查审理案
件时需要多次往返于左右卫门府之间，浪费了大量精力，
于是将原本分为左右两部的检非违使整合为一个统一的检
非违使厅（《政事要略》六十一）。

　　然而，与检非违使工作效率的改善相比，犯罪分子数
量的增长速度要快得多。在第二年即天历二年（948），
平安京早已陷入"群盗横行京中"的困境，甚至有强盗
直接攻击右近卫府夺取财物。在十年后的天德二年
（958），还有强盗团伙袭击了右卫门府的牢狱——右狱
（图 1 中的西狱），救出九名囚犯（《日本纪略》），表明此

时的朝廷机关非但没有取缔犯罪的能力，反而成了盗贼的袭击对象。两年后，史料记载"近来京中盗起"，平安京的群盗问题快速恶化（《西宫记》临时十）。直到约二十年后的天元五年（982），史料中仍有"群盗盈巷，杀害连日"的记载，表明京城居民不得不在杀人不眨眼的盗贼威胁下惶惶度日。留下这项记载的廷臣藤原实资在自己的日记《小右记》中写道，这一状况乃"检非违使等不勤职掌所致"，但这样的评价过于刻薄了。检非违使的人手太少，根本无力对付群盗，在这样的状态下自然不可能保持多少干劲。

到此为止，朝廷已用尽了一切手段，现有制度下的武力已彻底无法和群盗对抗了。不过，朝廷还可以从体制外寻找最后的救星，那就是在 9 世纪末诞生的武士。

武士的登场：
诞生于地方的撒手锏

所谓武士，是在地方社会凭一己之力诞生的顽强战士。武士是出身贵族社会末流、从京城来到地方社会的王臣子孙，在地方社会主持事务的郡司富豪阶层，以及以具备高度专业性的武艺为祖传家业、勇武之士辈出的武门氏族这三股势力通过婚姻逐渐融合，最终孕育而生的武装领主集团。他们用王臣子孙的血统装点门面，灵活利用高贵的身份（和随之而来的特权以及与中央朝廷之间的人脉关系）。郡司富豪阶层和武门氏族为此将女儿嫁给王臣子孙，通过母系与其血统融合，最终举家成为王臣子孙的"家人"（仆从），逐渐形成一个命运共同体，通过地方社会的影响力、人脉和专业武艺发挥作用。王臣子孙和武门氏族都是从京城流向地方的势力，郡司富豪阶层则只存在于地方社会，由此可见，武士是京城与地方社会的混血儿，是自都城来到地方的王臣子孙血统在地方社会的土壤 25
中落地发芽的结果（《探求武士的起源》）。

　　作为京城与地方社会混血儿的武士之所以能被京城的朝廷引为援兵，其直接契机便在于群盗问题。9世纪末宇多天皇在位时，群盗问题一度迎来高峰。宽平元年（889），东国①群盗首领物部氏永一度做大，以信浓、上野、甲斐、武藏等国为中心大肆作乱，令东国地区陷入无

---

　① 古代日本的"东国"指代的地理范围并不明确，一般泛指今关东地区，或在此基础上进一步包括日本东北及从畿内平原至关东之间的东海道、东山道沿途地区。宽平年间的物部氏永之乱主要发生在相当于今关东平原的"坂东"地区，但在朝廷调动坂东地方部队镇压后，物部氏永一党又骑马越过东海道的足柄（古相模国与骏河国，今神奈川县与静冈县交界处）与东山道的碓冰（古上野国与信浓国，今群马县与长野县交界处）两处山口逃往坂东以外，导致周边地区久乱未平。为阻隔强盗势力越境逃窜的通道，日本朝廷于宽平元年在上述两处山口设立关卡，成为"关东"这一称谓的起源。

政府状态，朝廷耗时十多年仍无法将其镇压，是为历史上规模最大的群盗暴乱事件。为应对这一问题，宇多天皇整饬了自己直辖的内臣机构藏人所，设置了"泷口武士"之职，上文所述在地方自行成长起来的武者集团正是在这一刻首次得到了"武士"的称号。换言之，在群盗的威胁达到顶点之际，宇多天皇开始严肃地考虑加强平安京的防御力量，决定召集武士上京，武士也以此为契机，一举登上平安京的舞台。

武士主要诞生、成长在关东（当时称为东国或坂东）地区，这里也是自马匹和骑兵战术在 5 世纪前后进入日本列岛以来，日本牧场（供应军用马匹的设施）分布最为密集的地区。武士们从小生长在最适合练习弓马之术的环境之中，战斗力极强。其中的佼佼者藤原利仁便在成为坂东的国司后，在讨伐群盗的作战中立下大功；后来还有平将门以武力控制了关东全境，将物部氏永残党等活动在当地的群盗势力一扫而空。

对抗平将门：平安京宫城的防御政策

26

群盗虽然得到了遏制，事态却开始朝未曾设想的方向发展了：消灭了群盗的平将门突然反叛朝廷，成了比群盗更棘手的敌人。到天庆二年（939）冬天，平将门已控制坂东地区，即位为"新皇"，与朝廷分庭抗礼，并向京中通告自己的新政府已成立。朝廷在这一前所未有的危机面前，不得不匆忙在平安京采取防御措施。

第二年即天庆三年（940）正月，朝廷首次在"宫城十四门"部署了卫兵（《贞信公记》）。宫城指的是大内里，即天皇的住所和各官衙所在，出入这一区域的门即为宫城门。宫城门南北各有三座，东西各有四座，合计十四座。决定派兵把守这十四座宫城门的是当时主导朝政的摄政藤原忠平，此时他显然已意识到天皇的宫殿也面临着被袭击的风险。

宫城的大门原本被称为"宫城十二门"，东面和西面最靠北的上东门和上西门起初并不存在，是在平安京和大内里向北扩建的过程中在夯土制的宫垣上草草打开，连门扉也没有的简易通道。考虑到战斗发生时这种敞开的通道过于危险，藤原忠平下令为上东门与上西门加装门扉，还在所有宫城门上加装了守望台（《吾妻镜》元久二年六月二十二日条、《园太历》贞和三年十二月二十四日条），可供守军从高处观察远方状况，在敌人来袭时据守其中以弓箭御敌。不过，因为远在东国的平将门暂时还不太可能攻入平安京，每座宫城门只安排了两名士兵把守（《贞信公记》）。27

与此同时，京城西边也传来急报，藤原纯友在濑户内海发起叛乱，令朝廷陷入两面作战的困境。藤原忠平为此下令在淀川沿岸的山崎、摄津国境内的川尻（在今兵库县尼崎市，是位于淀川的支流神崎川入海口，毗邻大阪湾沿岸一处名为大物浦的港口）和濑户内海沿岸的备后国加强戒备。东国的平将门手下拥有骑兵军团，西国的叛军则以海盗为主，这些在海上活动的群盗乘船四处流窜，可以在海洋与河流沿岸随意往来，朝廷一旦派兵镇压便四散而逃，可谓神出鬼没，机动性极强。如果这些盗贼从濑户内海进入大阪湾，再溯淀川而上深入内陆，便可轻易来到平安京近郊，藤原忠平自然会对此严加防范。

扫荡地方群盗的武士
与应对京城群盗的泷口武士

天庆三年（940）二月，平将门被坂东当地的另一股势力藤原秀乡击败，朝廷就此得以集中精力平定西部的叛乱。在激战一年有余之后，天庆四年（941）六月，藤原纯友也在伊予穷途末路，也不知他是在被捕后病死还是当场战死，总之，只有他的首级被送到了京城。

在史无前例的叛乱被平定之后，坂东地区的群盗问题也以出人意料的方式得到了快速解决，这可谓将门之乱的一大附带结果。如前所述，在平将门把坂东的群盗扫荡干净之后，平将门自己的势力也被淘汰了。随着像打倒并杀

28

死了平将门的藤原秀乡这样强大的武士在东国担任国司的机会逐渐增多，东国的群盗问题逐渐淡去，其他地方的盗贼活动也逐渐平息下来。

至此，唯一尚未解决的问题便是骚扰平安京的群盗了。藤原纯友死亡一年后的天庆五年（942）六月，卫府便不再于京中巡夜，马寮也不再提供马匹，无论朝廷如何督促也不见起色，平安京再度陷入"闻今日京中多群盗"的状态，盗贼重新开始肆虐。有鉴于此，朝廷决定每晚派四名泷口武士分别加入四卫府的队伍，在夜间巡视街道（《本朝世纪》）。当然，只凭区区四人不足以增强卫府夜巡队伍的战斗力，泷口武士原本也只是天皇的贴身卫士，执勤范围仅限于天皇的起居空间"内里"的内部，在偌大的平安京城区内巡逻并不是他们的本职。由此可见，朝廷指派泷口武士参加夜巡的目的只可能是让他们充当监督者，防范卫府怠慢失职。

不过，泷口武士仍对平安京的治安工作做出了直接贡献。长和六年（1017）正月，有盗贼侵入天皇居住区，被两名泷口武士用弓箭制服，这正是泷口武士忠于本职、发挥应有作用的表现（《日本纪略》）。正历四年（993）十二月，曾有盗贼骚扰权大纳言藤原伊周的住处，当时也是出身"泷口众"（泷口武士）的纪守亲和中原某两人以弓箭与其战斗，并将其逮捕（《本朝世纪》）。这些都是泷口武士直接参与平安京治安工作的事例，如果在夜间巡行之际遭遇了卫府难以应付的犯罪现场，他们应当也会出马将犯人绳之以法。

双刃剑：武士本性中的反社会一面

29   泷口武士原本是武士出身，性格大多十分暴躁，时常因琐碎的理由挑起殴斗，即便杀害他人也无所谓，这种独特的行动模式反过来扰乱了京城的治安，也成为武士身上的一个重要缺陷。事实上，在之前提到的藤原伊周府盗贼骚扰案中，两名泷口武士之间也发生了争吵。史料记载二人争吵的焦点在于"射"，可见这场纠纷大概是因争论"谁先放了箭""谁射的箭制服了犯人"而起的。七年后的长保二年（1000），泷口武士周防介①惟宗行贤也因与另一名泷口武士藤原亲光争斗，被判流放并除籍（剥夺藏人所职员地位）。

文献记载，源满仲动辄杀害令自己不快的人，如"杀虫"般随意，他的儿子源赖亲也曾被人暗讽为"杀人能手"，就像这两人的名声体现的那样，脾气暴躁、嗜杀好斗是武士的本性。这种好战性格是武士强

---

① "介"为令制国国司的次官。

劲战斗力的来源，但这种性格也难免朝反社会的方向发展。有的人在卸下泷口武士的职务之后落草为寇，多次被捕、逃逸随后再次被捕（《西宫记》临时十一附注），在天喜二年（1054）甚至还有人在作为"里内里"（天皇在平安京中向臣下借用的临时住处）的高阳院纵火，将府邸彻底焚毁（《百炼抄》）。本应以保卫天皇为职责的泷口武士不但有可能在离职后摇身一变，成为威胁天皇人身安全的不法分子，还有可能不等离职便擅行违法乱纪之事。宽和二年（986）六月，醍醐天皇的孙女济子女王被选为伊势斋宫（派往伊势神宫供奉神祇的未婚女性皇族成员），按制度要在平安京郊外设立的临时住所"野宫"斋戒一年，但负责守卫斋宫的泷口武士平致光在此期间与她私通（《日本纪略》《本朝世纪》）。平致光是著名武士平致赖的儿子（《十训抄》五），但他在作为泷口武士执行任务期间干出了扰乱秩序的事，甚至公然玷污了正在为祭神而斋戒的女性皇族成员。

　　朝廷将武士任用为泷口武士，只利用其武力，用表面上的社会性身份掩盖他们根深蒂固的反社会性格。这层社会性的掩饰稍有不慎便会脱落，将武士的危险本性暴露出来。因此任用武士维持治安可谓一把双刃剑，是一场赌博。

武士获得在宫中、
后院携带武器的特权

武士虽然有寻衅滋事这一大弊端，但事实也不断证明，他们是平安京治安工作中唯一可以依靠的力量。例如，圆融天皇治下的贞元二年（977）十一月，朝廷特别允许泷口武士携带弓箭出入内里（《日本纪略》）。根据之前的制度，除近卫府武官和破例获准带剑的人之外，其他人不得携武器进入内里，但朝廷将泷口武士当作例外，可见他们的作用有多么不可或缺。

起初，除内里以外，整个京城境内都禁止携带武器。奈良时代的天平宝字元年（757），当时定都平城京的朝廷曾规定，"除武官以外，不得京里持兵……宜告所司固加禁断；京里廿骑已上不得集行"（《续日本纪》），这一禁令直到迁都平安京以后仍被沿用。天元六年（983）二月，朝廷命检非违使"捕纠……带弓箭、兵仗之辈"，就是为了进一步落实这道禁令（《日本纪略》），这里的"带弓箭"之徒指的应当就是在京中和畿内招摇过市的群盗了。

不过，在四年后的宽和三年（987）三月，朝廷仍命"武者十人"携带弓箭守护朱雀院（《日本纪略》）。朱雀院是当时的一座后院，即为退位之后的天皇准备的居所。朝廷之所以做出这一决定，当是因为彼时朱雀院无人居住，有被盗贼非法占用的风险。值得注意的是，因受命守卫朱雀院而获准携带武器的这十个人并不像泷口武士那样有特殊的头衔，在史料中只被称作"武者"（武士），这表明朝廷此时已调整了方针，认为只要有正当的理由，即便不赋予专门官职或头衔也可动员武士携带武器从事守卫工作。正如武士的别称"弓矢之士"所体现的那样，随时携带弓箭是武士的身份象征，他们也因此得以在京中不断发挥作用。此时无论在宫中还是在京中，武士已经成为维持秩序不可或缺的存在了。

朝廷绕开官制，控制武士

上述这种管理武士的方法可以追溯到半个世纪以前的 32 藤原纯友之乱时。天庆四年（941）六月，朝廷于右近马场（右近卫府的马场）"试泷口中户诸家及贞盛朝臣兵士"（《日本纪略》），即检验上述人等的武艺水平。鉴于场地选在马场，朝廷想要考核的武艺当为骑射之术，这可能是为未来与藤原纯友军决战而做的准备。平贞盛此时的官职为右马助，其职责在于为天皇管理军马，并非参加实战。但朝廷不是基于平贞盛的职属，而是以具体的个人为单位直接调遣平贞盛等武士，或者更准确地说，是为了调动由武士本人及其族人、仆从（称为"郎等"或"家人"）组成的名为"家"的这一集体单位，才直接动员了一"家"之长，打算派他们到一线作战。

如果朝廷绕开传统官制直接控制武士，相关的官制就会逐渐名存实亡。对于这一趋势，朝廷并未出手阻止。毋宁说，由于卫府本已失去实际意义，与其徒劳地试图维护这一旧体制，还是由天皇（或代行执政权的摄政）直接指名调度武士，基于天皇的命令加以管理来得更为轻松。

就这样，以承平天庆之乱的后半期为契机，朝廷开始对泷口武士和无"泷口"之名的武士，也就是对所有的武士进行直接管理，四十六年后派携带武器的武者守卫朱雀院的事实即对这一方针的延续。此外，只要调整了对武士政策的方针，朝廷便不必在意旧制度的束缚，可以随心所欲地动员武士——至少朝廷方面是如此认为的。

33　　　一条天皇在位期间的正历五年（994）三月，朝廷对京中和畿内诸国的盗贼进行全面搜捕，负责这一任务的部队中除了传统的六卫府和马寮之外，还加入了由"武者源满正朝臣、平维将朝臣、源赖亲朝臣、同赖信等"组成的独立部队（《本朝世纪》）。清和源氏一脉中最早成为武士（"兵"①）的是源经基，他生前"未练兵道"（《将门记》），尚未在武士之路上独当一面便谢世而去，但在他的儿子源满仲这一代，清和源氏迅速崛起，成为武士阶层中具有代表性的望族。源满仲不在正历五年被朝廷动员的武士之列，但他至少活到了三年后的长德三年（997），鉴于有说法认为他在晚年出家遁世，隐居于摄津国多田，此时的源满仲可能已经退出一线，将事业移交给弟弟和儿子了。在上述引文中被提到姓名的源满正（源满政）是满仲的弟弟，源赖亲、源赖信则是满仲的次子和三子。平维将是平贞盛的儿子，这表明平贞盛一家也经历了世代交替。

就这样，作为武士阶层的代表而闻名的清和源氏与桓武平氏正式走上了京都行政工作的核心舞台，并迅速成为这一舞台上的主角。

终结京职与卫府的摄关政治

正历五年（994 年）正值关白藤原道隆主持朝政的末年，第二年，道隆、道兼两兄弟便因传染病相继去世，他

---

① "兵"（つわもの）指精通武艺、勇猛善战之人，类似"兵家"，非普通士兵之意，在日本古代与中世是武士的别称。

34 们的弟弟藤原道长一跃成为朝中最具权势的人物。道长与摄关政治①的关系尤其密切，而源满仲和平贞盛的子辈也为摄关政治体制出力不少。作为回报，他们自己也得到了丰厚的利权，获得了巨大的影响力。与此同时，被武士喧宾夺主的京职和卫府也逐渐淡出了平安京的治安事务。

宽仁三年（1019）四月，群盗在平安京中四处纵火，使大片城区被焚，朝廷因此派人巡夜，追捕犯人（《小右记》）。五年后的治安四年（1024）三月，还有强盗在京中闯入女性居民的住宅、挟持人质，最终被逮捕并枭首示众（《日本纪略》）。在上述事件中，朝廷都只出动了检非违使，已看不到京职和卫府的身影。此时就连检非违使在治安事务中的主角地位也被武士夺去，朝廷自然没有动员彻底沦为空壳的京职和卫府参与执法。群盗纵火的宽仁三年正是抵达权力巅峰的藤原道长剃发出家的一年，五年后的治安四年则是年轻的藤原赖通在父亲藤原道长的指导下就任关白的第五年。换言之，我们可以说藤原道长就是让京职和卫府退出历史舞台的送葬人。

藤原道长之子赖通作为首席大臣主持朝政的时间长达五十年，他在长和六年（1017）年仅二十六岁时就任摄政，直到治历三年（1067）才在七十六岁高龄时辞去关

---

① 由摄政、关白主持朝政的政治模式。

白一职。赖通主政期间的长历四年（1040）十一月，史料记载，因盗贼不断在京中纵火，朝廷派检非违使在城中巡夜（《春记》）。就笔者所知，这是史料中最后一次出现关于"夜行"的记录。作为一种执法手段的夜行制度就这样在摄关政治时期彻底消亡，结束了历史使命。而在摄关政治之后，取代摄政关白、以"院政"把持朝政的上皇开始更加直接地调遣武士，甚至任意动员武士展开执法乃至战争行动，这样的历史变化与京职、卫府的消亡也是不无关系的。

35

武士虽然解决了群盗问题，最终却从藤原摄关家①手中夺走了日本实际统治者的地位。和摄关政治同时萌生的群盗问题可谓摄关政治体制致命的先天性缺陷，而从摄关政治的时代开始，武士阶层的思维方式就已逐渐渗透平安

---

① 自 9 世纪下半叶藤原良房摄政以来，藤原北家良房一脉后人长期成为天皇外戚，垄断摄政关白之职，到藤原道长、赖通时期形成固定传统，赖通一脉因此被称为"摄关家"。赖通之后，"摄关家"嫡系继承人即便无外戚身份（如赖通之弟教通、赖通之曾孙忠实等）也可名正言顺地成为关白。其余出自藤原北家历代摄关，但在政治斗争中落败，未能传承摄关地位的家系不在"摄关家"之列，如以藤原道长之兄藤原道隆（曾任关白，但其子伊周失势）为祖先的"中关白家"，以藤原忠平长子实赖（曾任摄政，但未成为外戚）为祖先的"小野宫家"（《小右记》作者藤原实资即出自此族），以及以藤原道长其他诸子为祖先的花山院、御子左等家。12 世纪末至 13 世纪，摄关家内部发生多次分裂，最终形成近卫、九条、鹰司、一条、二条等"五摄家"。

京，导致了一场充满血与污秽的连环演出，而这两样是平安时代贵族最大的忌讳。

平安京悬首示众第一人：平将门

随着武士登上历史舞台，平安京这座"剧场"里也增添了新的演员和节目。不过，因为武士本身带有不同于平安京的特异性，所以他们带来的新节目也颇为奇异，甚至可谓极端猎奇。

武士在平安京这座舞台上表演的第一个节目便是"悬首示众"。就笔者所知，最早在平安京被悬首示众的人是平将门。天庆三年（940）四月，在下总国杀死平将门的藤原秀乡将将门的首级作为自己取得胜利的证据送往平安京（《日本纪略》《贞信公记》），将门的首级随即被移交给市司，最终被悬挂在东市的树上示众。当时的男性为扎发髻都留有长发，所谓悬首指的应当是把发髻解开后将长发绑在树枝上。悬首的目的是"使众人得见"（《师守记》贞和三年十二月十七日条），作为朝廷承认的官方仪式，在集市上悬首示众可以对平安京居民产生极强的震撼效果。不过，日本古代没有公开处死犯人的习惯，史料中也没有在集市上执行死刑的记载。

36

自嵯峨天皇大同五年（810）的藤原药子之变①以来，朝廷再也没对犯人做出过死刑判决。因此有一些历史学者认为日本从藤原药子之变到12世纪中叶的保元之乱之间曾废除死刑，但这并不严格符合史实。在将门之乱期间，急于平叛的朝廷曾下达了"凡消灭将门者皆有褒奖"的命令，杀死平将门因此成为合法的"追讨"（追捕罪犯并将其杀死）行为。所谓"追讨"不是战争行为，而是对犯罪者的制裁，亦即根据法律规定和正当程序杀害特定对象的法律行为。换言之，朝廷这份告示的含义无异于"只要发现平将门，无论谁都可对其执行死刑"，由此可见死刑制度在平安时代仍然存在。结果，藤原秀乡凭实力执行了对平将门的死刑，为证明自己的成果，把将门的首级送到了平安京。

"传首狱门"成为常例

悬首示众的流程一旦确立，被"追讨"的叛乱者或群盗的首级便都被送到了京城。将门灭亡之后的第二年即

---

① 指大同五年嵯峨天皇与退位的兄长平城太上天皇之间发生的政治斗争。传统史观认为此事因平城太上天皇的宠妾藤原药子挑唆而起，故称其为"藤原药子之变"。藤原药子的兄长、在斗争中站在平城一方的藤原仲成在被嵯峨天皇一方逮捕后遭射杀，这一般被视为日本朝廷直到12世纪中叶以前执行的最后一例死刑。

天庆四年（941）正月，伊予方面送来了前山城掾藤原三辰的首级。据史料记载，藤原三辰为"海贼中尤为暴恶之人"（《师守记》贞和三年十二月十七日条），可见他是给朝廷制造麻烦的海上群盗之一，是藤原纯友的同党。在那之后又过了半年，藤原纯友及其子重太丸的首级也被送到京城，"武士立功后将贼人首级送到京城示众"的模式至此初步形成，并在之后不断重演。

至于将悬首示众与"狱门"二字绑定起来，则是半个世纪之后的事。正历三年（992）冬，濑户内海海盗猖獗，甚至绑架了阿波守藤原嘉时，一个名为源忠良、号"阿波国海贼追讨使"的人最终平定了事态，携俘虏二十人、首级十六颗回京，这些首级暂时被挂在"东狱门前"，随后被移交给东西市司（《日本纪略》）。"狱"即牢狱，所谓"东狱"指的是左卫门府内的牢狱（右卫门府的牢狱称为西狱，见图1），这是史料中第一次出现将首级放到"狱门"前示众的记载。

在史料原文中，这次示众被记作"置东狱门前"，由此推断，这些首级应当只是被放在东狱门前的地上或台上。它们既没有被挂在树上，最后也被转移到集市上进行公开展示，可见此时的"狱门"还只是暂时保管犯人首级的场所。究其原因，当是因为"狱"不是关押已被判徒刑之犯人的监狱。如前文（见页边码第23页）所述，因检非违使的审判进度太慢，狱中积压了大量囚犯，由此可见，这些"狱"只是暂时拘留尚未定罪量刑的嫌疑人的场所。既然如此，在狱门前放置已死之罪人的首级，也应有类似的意义。在源忠良带海盗首级回京一事中，他从阿波带来的十六颗首级想必不全是从朝廷指名道姓要求讨伐（已下达死刑判决）的贼人身上砍下来的。只有在严格遵循了法律程序，将十六人的名字与罪状一并澄清之后，源忠良的行为才能脱离私刑杀人的性质，成为拥有法律依据的刑罚。在这些程序走完之前，那些尚未被定罪量刑的首级只能暂时放置在牢狱门前，等"应处决示众"的判决下达之后再正式行刑，送到集市上公开展示。换言之，狱门的本质应是"首级的拘留所"，这样的解释应该比较合理。

38

三十九年后的长元四年（1031）六月，源赖信又携平忠常的首级上京。源赖信是当时的头号武士源满仲之子，平忠常是平将门的叔父平良文的孙子。平忠常在房总半岛羽翼渐丰之后背叛当地国司，甚至将安房守烧死，朝廷因此派源赖信加以讨伐。平忠常曾是源赖信的手下，因此听闻朝廷派源赖信出马征讨后，便选择投降，跟随源赖信一道上京，但在途中病死于美浓国（《日本纪略》《扶桑略记》）。源赖信于是割下平忠常的首级，埋葬了平忠常的躯体，并把首级带到了京城。这样的斩首不是对平忠常的惩罚。如果源赖信把病死的平忠常完全埋在当地，难免让人怀疑他作假，放跑了平忠常，于是他带平忠常的首级上京，作为平忠常已死的证据。结果，平忠常因生前投降的表现得到宽大处理，首级没有被送到集市上示众，而是被交还给平忠常的手下（《日本纪略》）。

前九年合战与武士凯旋式的形成

39 　　天喜四年（1056），源赖信之子、担任陆奥守的源赖义与盘踞在陆奥国边远地区的安倍氏之间爆发大战，是为"前九年合战"。虽一度陷入苦战，源赖信还是凭邻国出羽的豪族清原氏的帮助，在康平五年（1062）取得胜利。安倍氏一方在这场战争中有多达数百人死亡，但在向朝廷提出的报告书中，源赖义只提到了九位"被讨伐"者及其姓名（《陆奥话记》），在这当中更是只有主将安倍贞任、贞任之弟重任和贞任之妹婿藤原经清三人的首级被送回京城，这当是因为只有这三人是朝廷明确指定的讨伐对象。

　　战斗结束后，源赖义以处理善后事务为由留在陆奥，上述三人的首级是他委托一个名为藤原季俊的手下带回平安京的。源赖义之所以选他为使者，是因为他担任了所谓"傜仗"之职。傜仗是东北地区一种负责维持治安的官职，隶属于镇守府将军①，而源赖义在当时正是镇守府将军。源赖义在为数众多的部下中选择担任傔仗一职的藤原季俊出使京城，就是要让他以镇守府将军的官方使者而非源赖义私家扈从的身份上京，通过传首京城证明自己恪守了镇守府将军的本职。

安倍贞任等三人的首级直到前九年合战结束后的第二年即康平六年（1063）二月中旬才被送至京城。这场入京仪式编排周到、场面宏大，在围观的人群中引发强烈反响。当时的廷臣源俊房就在自己的日记《水左记》里留下了生动的一手记录。在笔者所知范围内，这段文字应是关于朝廷官军京城凯旋式的最早记载，具有极高的价值。

40

《水左记》对这场凯旋式的记载如下。藤原季俊一行由两名骑兵和二十余名步兵组成，其中骑马者为傔仗藤原季俊和一个姓名不详的军曹②。军曹也是镇守府的属官，可见这场凯旋式的目的在于彰显镇守府将军的本职作用。虽然此时距前九年合战结束已过两个月，平安京一带也感

---

① 陆奥国位于本州岛东北，本为日本朝廷征服、招抚当地虾夷部族的前线，除负责通常行政事务的陆奥国府之外，还设有负责军事事务的镇守府，长官即镇守府将军。在源赖义时代，镇守府作为前线军事机构的色彩已大大淡化，成为陆奥国府在胆泽（今岩手县奥州市）地区的一大统治据点。

② 军曹系陆奥镇守府的三等官，位在"将军""军监"之下，这里指的并非近代日本军制中的军衔。

觉不到任何军事上的紧张气氛，但凯旋队伍的全体成员都身穿甲胄，全副武装，这也是为了表明仪仗队伍的成员并非纯粹的官吏或国司的仆从，而是隶属于镇守府这一军政部门的职员，从而突出源赖义作为将军立下大功的印象。史料中评价这场仪式"殊耀武威"，可见这场表演取得了巨大的成功，将"我们的官军真可靠"的想法深植于平安京居民心中。

在平安京三条大路的最东端有一个名为粟田口的地方（见图1），那里是连接平安京与东海道、东山道、北陆道的交通要冲，除非走正北方通往近江国坂本的志贺山道，任何从东方进入平安京的人都要从此经过。粟田口位于粟田山日冈附近的山麓，出京东下的人经过粟田口，走过粟田山的溪谷（松坂、日冈峠①），就能到达山城国宇治郡的山科乡。平安京的居民也时常来这里迎接东方来客（《平安时代史辞典》"粟田山"条目）。

携带安倍贞任等人的首级上京的藤原季俊一行首先出现在粟田口附近的"粟田山大谷北丘上"，在山丘上"踟蹰徘徊"，在《水左记》中记载了凯旋式场面的源俊房此时也低调出行，前往围观。

藤原季俊一行自东向西来到平安京的入口附近之后，并未立刻入京，而是在显眼的高地上向围观者展示军容，

---

① 中国古字，同"卡"，也是日本和制汉字，指山峰间低矮的山口处。

这显然是以被人围观为前提进行的炫耀行为。他们将三颗首级挑在"锋"（从下文提到的源义纲的事例来看应为矛头）上高高举起，这显然也是为了向围观者标榜战功而进行的表演，旨在以张扬的姿态吸引观众注意。而这一切在制度程序上并非必要。换言之，藤原季俊一行十分清楚自己需要呈现的是一场表现"堪当大任的将军凯旋入京"的戏剧。他们在太阳落山，围观人群逐渐散去之后便从京城离开，这也佐证了这场游行的表演性。

高举首级、阔步京中的凯旋式

游行结束后，藤原季俊一行来到四条大路和京极大路（今京都四条河原町附近）交叉点附近的鸭川河滩一带，将安倍贞任等三人的首级交给检非违使。京极地区是今天京都最大的闹市区所在，这里顾名思义，曾是"京之极"，即平安京的边界所在。之所以在这里移交首级，是因为在平安京内处置犯罪分子的工作只能由检非违使完成。藤原季俊等人将挑在兵器上的首级取下来，转而挑在检非违使的矛上，由"着钛"负责运送。"着钛"的本意是指宣判罪名之后给囚犯戴上脚枷押入监狱，在这里指的应当是已戴上脚枷的囚犯。

检非违使之所以让囚犯持长矛运送首级，大概与

42

"秽"的问题有关。在摄关政治的鼎盛时期，"秽"的观念快速崛起，开始对宫廷社会施加强有力的束缚（中泽克昭，2018）。这种观念认为，死者、流血之人和犯罪者身上都带有"秽"，其他人与这些人接触之后也会被"秽"传染，甚至因此还会产生二次、三次传染。所有人都避免与"秽"接触，但因为犯罪者本身就是带"秽"之人，所以就算与死者的首级接触也不会进一步染"秽"，正是运送首级的合适人选。

三名囚犯各持一根长矛，将三名叛将的首级挑在矛头上行走于街头。走在最前面的囚犯挑着安倍贞任的首级，安倍重任、藤原经清的首级依次排在其后，这样一来，所有围观者都能一眼认出排在最前面的就是叛军头目的首级。此外，每一根长矛上还挂着写有首级主人姓名的牌子，这样一来就连不认识叛将面目的人也能知晓他们的长相和身份。

手持长矛将叛将首级与个人信息公示于众的囚犯身边还有一些随行人员。每一名持矛囚犯左右都配有两名看督长，所谓看督长是检非违使的下级职员，是负责看守牢狱、调查犯罪、追捕罪人的一线人员，他们大多性格粗暴，在平安京居民看来是既可靠又可怕的人物。安排他们与囚犯同行，应当是为了盯紧囚犯，不让他们趁机逃跑。

在囚犯和看督长之后还跟随着十名"放免"。放免，顾名思义，是刑期结束后得到释放的前罪犯，他们在刑满之后又为检非违使所用，成为检非违使机构最基层的工作人员。放免多为性格偏强粗犷之人，不少人在为检非违使厅工作的同时也会重操旧业从事犯罪行为，甚至也不乏前科或再犯时情节极为恶劣的重罪犯。检非违使之所以雇用这样的人从事一线工作，应当是为了让业已染"秽"之人替自己干脏活（丹生谷哲一，［1980］2008）。

就这样，每一颗首级都伴随着一个由持长矛的囚犯、看督长和放免组成的十余人的队伍，它们在彼此之间拉开一段距离，沿着空出来的平安京街道徐徐前进。这无疑也具有表演性质，是一场以吸引眼球为目的的游行。

为惩恶扬善的大戏所疯狂的京城居民

这些游行在围观者当中引起了热烈反响。贵族以停在路边的牛车为座席从高处观看，无权乘车的阶层则骑在马背上围观，无论僧侣还是俗人都不计身份挤成一团（《扶桑略记》曾形容围观人群聚集"如云"）。围观人群规模巨大，从粟田口一带经京极一直延伸到平安京内，将道路挤得水泄不通。据《水左记》记载，"奔车之声，晴空闻雷，飞尘之色，春天拂雾"。

在这场游行当中，既有根据特定编排上演象征性（在实际工作中没有必要的）节目的表演者，也有对这些表演怀有热烈期待、最终拥到路边观看并为之疯狂的广大观众。而在这样的场面背后，还有从一开始就试图诱导观众为这种表演性景观所吸引的导演。这样的活动无疑可谓一场戏剧，而为这场戏剧提供舞台的京城也正是一座政治剧场。

前九年合战在如此盛大的表演中落下帷幕，正好比当今电影市场上数年一见的票房大片。广大围观者之所以对凯旋式如此痴迷，是因为这场盛大的仪式让他们产生了"此事极为罕见，一生恐怕只有一次"的印象。

目睹这场凯旋式的源俊房曾在日记中骄傲地写道："於戏！皇威之在今，更不耻于古者欤。"这既道出了观众在这场仪式中得出的感想，也体现了这场仪式的编排者想要向观者传达的信息。这种"正义必胜，而正义就在我方"的惩恶扬善故事无疑是所有人都乐见的。

在游行开始前，安倍贞任的首级被纳入盒中，由安倍贞任的部下背负着带到京城。到了距离平安京不远的近江国甲贺郡时，藤原季俊命令安倍贞任的部下为首级梳洗头发，但那人说没有梳子可用，藤原季俊便说："汝等有私用木节，可以其梳之。"安倍贞任的部下听后流着泪哀叹道："吾主存生之时，仰之如高天。岂图以吾垢枥，忝梳其发乎！"其他人见他如此悲哀，也忍不住流下了眼泪（《扶桑略记》《陆奥话记》）。

这件事既没有被围观的平安京居民看到，也不是刻意安排的表演，想必只有与那位安倍贞任部下同行的镇守府属员听到了他的叹息。不过，鉴于记录了这段故事的《陆奥话记》以源赖义向朝廷提出的报告书和"众口之言"为依据，这段目击者稀少的插曲显然也是作为一桩美谈被传播到平安京中去的。

就这样，在事先编排的演出和与此同时自由传播于街头巷尾的逸闻的共同作用下，平安京逐渐成为武士的表演舞台。这样的历史进程之所以没有在承平天庆之乱时开始，而是在这一时期逐渐展开，是因为此时的武士已正式将平安作为自己的根据地之一，在京城站稳了脚跟。

在承平天庆之乱时，无论是作乱的平将门、藤原纯友还是征讨叛贼的官军都不是平安京中人。平将门在东国起兵之后被东国的藤原秀乡镇压，平将门的首级虽然在战后被送到平安京，藤原秀乡自己却从未踏出坂东一步，可以说平将门之乱的起承转合全都是在东国境内发生的。由于高调表现、名垂青史需要相应的实力，而当时武士的势力主要集中在地方社会，他们只能以地方而非京城作为自己的表演舞台。 46

但在平将门之乱以后，进入源满仲的时代，源氏武士开始以京城为据点逐渐崛起。他们为镇压地方叛乱前往地方，在取得胜利之后回到京城，基于这一原因，他们和植根于东国地方社会、只把斩下的叛将首级送到京城的藤原秀乡不同，可以自然而然地把京城当成凯旋庆祝仪式的舞台。

讨伐工作的"承包人"源义家

源赖义的长子源义家在前九年合战中凭勇猛的表现赢得名声，时常参加平叛作战。在前九年合战凯旋式七年后的延久二年（1070），一个名为藤原基通的人在陆奥挑起叛乱。朝廷虽然派源赖俊（源满仲次子源赖亲的孙子）出任陆奥守加以讨伐，但当时在陆奥国南边的下野国担任国司的源义家火速进军陆奥，在源赖俊来到任地之前便令藤原基通归降。朝廷虽要求陆奥守源赖俊停止讨伐陆奥叛军，源赖俊仍无视这一指示，强行在当地以扫荡叛军残党为名肆意杀戮，还和源义家分别从任地向京城进言，请求朝廷应允他们带斩获的首级与抓获的俘虏入京，他们无疑都打算借此机会在京城重演一遍前九年合战结束时的凯旋式（《扶桑略记》《朝野群载》十一）。然而，这一事件的后续发展并不见载于史书，如今已无从得知。

47　　九年后的承历三年（1079）秋，为讨伐一个名为源重宗的武士，源义家受命出征美浓。源重宗在当地袭击了另一个武士源国房的居馆，还不听朝廷传唤，拒绝上京受审。源重宗在源义家出马之后虽一度逃亡，但最终还是放弃抵抗上京自首，他和源国房两人最终都因私自交战之罪被押入狱中（《为房卿记》《水左记》《扶桑略记》《百炼抄》）。此时的源义家既不在美浓国附近，也没有担任官职，却还是被朝廷征调，这表明此时的他已成为植根京城、以个人名义直接为朝廷承担讨伐工作的"承包人"。

在这里，"承包"一词极为关键。如果没有朝廷的授意便发起战争，即便勇武如源义家也不会被承认为英雄。在后来爆发的后三年合战中，源义家正是在这一点上行差步错，遇到了重大挫折。

因轻视法律程序而失败的源义家

安倍氏在前九年合战中灭亡后，清原氏继承了该氏族的旧势力范围。后来清原氏内部发生内讧，将当时担任陆奥守、镇守府将军的源义家卷入其中，是为后三年合战的导火索。这场战乱最终演变成源义家和藤原清衡（前九年合战中传首京城的叛将藤原经清之子）一方与清原武衡和清原家衡（藤原清衡的同母异父弟）叔侄之间的冲突，并以源义家、藤原清衡阵营的胜利告终。清原家衡在战斗中阵亡，清原武衡则在战场上被逮捕之后遭到处决。 48 战斗在宽治元年（1087）冬天正式结束，距离最初开战的永保三年（1083）已过去四年。

得胜之后不久，源义家的部队"枭首武衡、家衡手下主要仆从四十八人，将其首级并置于义家面前"（《奥州后三年记》）。就这样，源义家带着为数众多的首级踏上回京之路，想必是打算效仿其父赖义之故事，在京城举行盛大的凯旋游行。然而，源义家一行在途中遇到朝廷派来的使者，得知"朝廷对此次的战事一概不予承认"，源义家这才意识到自己对形势的判断出现了致命的差错。在此之前，源义家曾简单地把敢于公然对抗自己这个陆奥守兼镇守府将军的人当作朝廷的敌人，但朝廷的认识与此不同。

历史上，自封"新皇"、彻底挑战天皇权威的平将门和杀害了令制国国司的平忠常都是不折不扣的逆贼。前九年合战中，陆奥国豪族安倍氏也曾掠夺陆奥国府正常征收的税赋（《陆奥话记》），这也被认定为叛乱。但在后三年合战中，源义家的敌人并没有留下直接构成叛乱的行迹。此外，与之前的三场大叛乱不同，源义家既没有获得朝廷对清原武衡、清原家衡为朝敌的认定，也没有获得基于这一认定下达的讨伐命令。源义家本人在报告书中宣称："武衡、家衡之谋反，甚于贞任、宗任，我以私人之力，侥幸平之。希望能早日获得承认讨伐之官符，将贼将首级传于京城。"换言之，他承认自己没有接到讨伐叛军的命令，便以自己手下的军队发起战争，消灭了对手，直到战事结束之后才请求朝廷发文承认。

然而，认定叛贼需要经过多道程序。平将门之乱时，认定将门为反贼的程序虽始于源经基的举报，但当时的摄政藤原忠平仍通过要求东国诸国司提出书面证言等方式认真调查了举报内容的真伪，甚至为防备举报内容有假，事先将源经基拘留起来。与此相对，源义家显然严重低估了叛贼认定程序的复杂性。此外，由于战事旷日持久，清原家衡一方主张"我方仅为源义家私敌"的说法也传入京中，朝廷因此将源义家和清原家衡的战争判为私战，不予认可。基于这一认定，朝廷自然认为地方行政长官即便有权将自己的敌人认定为国家公敌，也不可擅自将其杀害。

就这样，源义家的部队没能作为"可靠的官军"凯旋入京，反而被朝廷认定为"违法杀人的暴行集团"。回天乏术的源义家只得"弃首级于道，黯然上京"。

值得注意的是，源义家的这段遭遇发生在宽治元年（1087），即堀河天皇即位之后的第二年，也是堀河天皇之父白河上皇实行院政的第二年。随着院政取代摄关政治，历史也迎来了重大转折。但源义家在这一转折中成了牺牲品。

在后三年合战之后，源义家失去了朝廷的信任，这也给朝廷带来了一大难题，那就是失去了一位能以个人名义

50

承担平叛工作的出色武士。为了保护天皇、保障境内治安，朝廷不得不匆忙寻找可以替代源义家的人才。

为什么武士的名字里常有"卫门""兵卫"

为填补源义家留下的空白，白河上皇选中了源义家的弟弟源义纲。源义纲曾与源义家一道参加过前九年合战，因表现勇敢，年纪轻轻便被任命为左卫门尉。

源义纲担任左卫门尉一事标志着从这一时期起，由武士担任卫门尉和兵卫尉（卫门府与兵卫府的三等官）的事例开始快速增多，因此有着重要的意义。

如前所述（页边码第 16 页），平安时代早期，卫府的主力——舍人已无可救药地堕落了。虽然朝廷一度派泷口武士增援卫府，但他们也只不过是扮演监督者的角色。只要卫府以舍人为主的人员构成不改变，卫府的衰退便不可阻挡。这就带来了一个必然的结论，即不再只把武士当作卫府工作的监督者，而是直接任用武士在卫府担任官职才是最有效的方法。

就这样，到摄关政治末期，武士开始在卫府任职。起初，朝廷希望武士承担平安京的治安工作，因此让他们兼任检非违使较为合适；鉴于检非违使也在卫门府下兼任职务，一些武士自然而然地开始成为卫门府的属员。而在卫门府之中，官阶相当于六位的三等官卫门尉又是在身份上与武士最为匹配的官职。

进入院政时代，卫门尉一职越来越多地由武士担任，到镰仓时代更是成了广受欢迎的头衔，很多武士都曾担任过左卫门尉、右卫门尉的官职。进入战国时代，大量武士开始模仿官职为自己拟定名号（例如山本勘助、斋藤用之助），这一做法在江户时代更是蔚然成风。从战国时代开始，很多武士认为自己虽未担任名号中的官职，但只要不挪用官职的全称就算不上欺诈，于是形成了只从官名中借用部分字眼的风尚。举例来说，一个未曾担任"左卫门尉"的人以"左卫门尉"为名号或许构成了欺诈，但只要自称"左卫门"便不会受人指摘了。因为卫门尉、兵卫尉的头衔在武士当中很受欢迎，武士及地位与武士相近的人时常以"某某左（右）卫门""某某兵卫"为号，前田又左卫门（利家）、奥村助右卫门、柳生十兵卫都属于这一类型；偶尔也有人像岛左近这样，从左右近卫府的名称中取名号。除武士之外，石川五右卫门这样的强盗和近松门左卫门这样的町人也会以"卫门"为名。而在这些以"卫门"为名的人当中，也有一些出人头地的武士真的被任命为卫门尉。江户幕府著名的町奉行远山金四郎景元就曾担任左卫门尉，因此有了"远山左卫门尉"的称号。

顺带一提，闻名世界的漫画角色"哆啦 A 梦"

（Doraemon）的 "A 梦"（Emon）若按发音写成汉字，便是 "（右）卫门"。"哆啦"（Dora）指的是爱偷吃东西的猫，本意是形容人懒散放荡，恐怕是从 "道乐"（Dōraku）一词演变而来的。这样一来，"哆啦 A 梦"的日文汉字写法应为 "道乐卫门"或 "道乐右卫门"。还有说法认为，《哆啦 A 梦》的作者藤子·F. 不二雄热爱落语，而落语中时常称溺死之人的尸体为 "土左卫门"（Dozaemon），他正是由此产生灵感，想到了与 "土左卫门"谐音的 "哆啦 A 梦"这一名字。落语中溺死者的尸体之所以被称为 "土左卫门"，是因为人体在溺死之后严重膨胀，与相扑手的体型相似，使人联想到江户时代的著名相扑手成濑川土左卫门。而他之所以取这个名字，无疑也是因为镰仓时代以来的武士喜欢以 "卫门"为名号，所以取名 "卫门"听起来更加威风。由此看来，那个享誉世界的漫画角色之所以得名 "哆啦 A 梦"，归根结底也与卫府制度的崩溃和朝廷任用武士有关。

卫府在武士加入后重振威风

53 话归正题。清和源氏的头三代源经基、源满仲、源赖光并无在卫府任官的记载。

但在安和二年（969）三月发生的安和之变中，史料称源满仲的弟弟源满季为"检非违使源满季"（《日本纪略》）。在制度上，检非违使一定要由卫门府官人兼任，由此可见源满季此时一定也担任卫门尉一职。这是武士直接在卫府任官的最早记载，源满季兼任检非违使一事也很好地体现了他们得以进入卫府的理由。

在平氏当中，平贞盛并无与卫府有关的记载，但他的儿子平维将曾先后担任右卫门少尉、左卫门少尉，其弟平维叙也曾任右卫门尉（《亲信卿记》天禄四年四月十七日条）。平维将的儿子平维时在险些被著名的强盗藤原保辅杀害时担任右兵卫尉，后来又担任了左卫门尉（《小右记》永延二年闰五月九日条、长德二年十月十一日条）。朝廷为直接动员武士充当平安京治安事务的骨干，开始将源平两氏主要的武士任命为卫府官人或检非违使，这样的做法在 10 世纪后半叶逐渐确立下来。

学界有一种观点认为"武士诞生于卫府"，但从上述分析来看，这种猜想并不符合史实。如果这一理论成立，我们便无法解释为何武家源氏的祖先（源经基、源满仲、源赖光）和武家平氏的祖先（平贞盛）都不曾有过在卫府任官的记录。相比之下，更为合理的解释是武士并非诞生于卫府，而是在加入卫府之后令卫府染上了武士的作风。

在清和源氏当中，源赖信曾于宽和三年（987）二月担任左兵卫尉，又于宽仁三年（1019）正月成为检非违 54

使（兼任卫门尉）（《小右记》）。源赖信之子源赖义和孙子源义家并无在卫府任官的确凿记录，但源义家的弟弟源义纲曾因前九年合战之功被任命为左卫门尉，另一个弟弟源义光也在后三年合战期间担任左兵卫尉。在宽治元年（1087）秋天，源义光为支援兄长源义家擅自离京前往陆奥，被朝廷视为放弃职务，因此遭到罢免（《为房卿记》）。

源义纲讨伐平师妙：过度膨胀的凯旋式

源义纲一家没有像源义家一家那样随意消灭地方豪族、卷入恶性反社会活动（见下文），始终温驯地服从于白河上皇，白河上皇也给源义纲提供了一个扬名立万的机会，派他出马镇压平师妙、平师季父子的叛乱。

宽治七年（1093），平师妙等人火烧出羽守源信明的居馆，将其中的财物掠夺一空，源信明逃到山中，下落不明。朝廷将此事认定为谋反，任命源义纲为出羽之邻国陆奥的国司，派他前去征讨。源义纲首先派一个名叫藤别当的手下到当地侦察情况，但这个藤别当凭一己之力，很快将平师妙父子正法。第二年即宽治八年（1094）三月，源义纲虽然在京城举行了凯旋式，其情景却十分古怪。因为源义纲没有到陆奥赴任，他在这场凯旋式中要做的大概只是到粟田口附近迎接从东方归来的侦察部队，然后与其一道回京而已。换言之，这场凯旋式并不是趁源义纲从战场归来之机将军容展示给民众，而是一场纯粹的形象工程。

一个名为藤原宗忠的廷臣亲眼见证了源义纲的凯旋式，在日记《中右记》中留下了记录。据《中右记》的描述，陆奥守源义纲没有像前九年合战后的源赖义那样只派使者带队游行，而是亲率一队人马，于申刻（下午四点前后）堂堂步入京城，手下之人执"戟"① 挑着平师妙父子的首级走在队伍先头，每颗首级上都挂有一面写着死者姓名的小红幡。源义纲一行在四条大路末端的鸭川河滩上将谋反者首级交给检非违使，仍由"着钛"的囚犯送往牢狱。这场活动的细节完全沿袭了源义纲之父源赖义在前九年合战之后的凯旋式，但因为有源义纲本人带队，在规格上变得更高，规模也大为膨胀：在平师妙父子的首级两边各有三十名手持"长剑"（可能是薙刀）的"步兵"，身穿显眼服装的源义纲也与队列一道行进，身后跟随着两百名扈从。

和之前的凯旋式一样，源义纲的凯旋式也吸引了大量观众，围观的人群蔚如云霞，场面一时混乱至极，"或折车轴，或飞乌帽"。有趣的是，藤原宗忠当日正在宫中侍

① 日文训读同"矛"。

奉天皇用膳，他在内里与三位同僚交谈时与他们约定"今日源义纲将带反贼的首级与投降者进京，到时一定去看"。由此可见，这场凯旋式事先已得到广泛宣传，连廷臣们也认为值得一看，是一场极具吸引力的盛事。

在这场凯旋式中，史料留下了"枭头于西狱门前树上"的记载，这可能是历史上第一次出现在狱门前悬首示众的记载。此时的"悬首狱门"还不是像后来那样把首级置于桌台上，而是沿用了更早以前悬首于集市的做法，把首级挂在狱门前的树枝上。这样做省略了从前由牢狱所在的检非违使厅（左卫门府）完成示众所需的法律程序后将首级移交集市的手续，这是因为此时平安京的官营集市已经衰落，也就没有示众的效果了。在这一时期，从前以官方设立的东西两市为交易场所、在朝廷的管制下展开商业活动的时代已经过去，民间自发的商业活动开始蓬勃发展，可以说为今天作为"商业都市"的京都埋下了种子。除此之外，将罪犯"悬首狱门"这种一直延续到江户时代的传统，也可以说与"京都"这一城市的萌芽直接相关。

让凯旋式成为最重要官方仪式的白河上皇

源义纲凯旋式的另一层重要意义在于揭示了这一时期

的朝廷在平叛的后续事务上遵循何种行政程序。在凯旋式之前，朝廷下达了"被斩之首级由检非违使接管处置，两名投降者可依源义纲之请求予以赦免"的宣旨。所谓宣旨，即天皇的命令书，在天皇口述之后由藏人头（天皇的首席秘书官）记录下来，再传达给太政官的事务负责人"上卿"，由太政官的行政机构执行。接收这份宣旨的"上卿"是当时的左大臣，他在接到宣旨后将其交给弁官局。因为左大臣在序列上是太政官级别最高的官员，这份宣旨由他接收表明此事在太政官得到了最高规格的对待。弁官局是负责发布太政官下达的政令以及保存档案记录等事务的部门，在弁官局将这一宣旨进一步传达给检非违使之后，检非违使才开始奉命行动。

由于事先得到了天皇的宣旨与太政官的响应，这场凯旋式就成了由朝廷和源义纲在达成共识的基础上联合举行的官方仪式。事实上，源赖义在前九年合战后举行的凯旋式也是如此。根据藤原宗忠的记载，"安倍贞任之首级入京时，天皇曾将检非违使召入内里，经藏人之口传达了'接管首级'的旨意，于是检非违使身穿束带（廷臣执行公务时的正装）前去接管了首级"。

如此一来，形成了这样一套固定模式：背负朝廷使命出马平叛的武士一旦取得成功，便可以京城为舞台举行凯旋游行，该仪式已成为朝廷的官方仪式，届时京中居民不

分贵庶都会赶来围观，并为盛大的场面所疯狂。藤原宗忠

58 也对源义纲仅凭手下部将之力镇压了一场叛乱的事迹感叹
不已："武勇之威，自满四海所致欤!"京城的居民们也
在这场仪式中再次切身体会到"我国（朝廷）有强力可
靠的武士守护"，感到心满意足。

　　但反过来说，上述模式也可以这样理解：某位武士在
平叛作战中得到起用，通过在京城举行凯旋式博得京城居
民的狂热喝彩，从而被舆论奉为"可保我国高枕无忧的
可靠武士"。白河院（白河上皇，后出家成为法皇)① 看
中的便是这一点。

　　源义纲讨伐平师妙一事的背后离不开白河院政的
影响。派源义纲讨伐平师妙的决定背后无疑有他的授
意，在得胜后推动朝廷配合源义纲组织凯旋式的显然
也是他。明明没有到一线指挥的源义纲故意扮作凯旋
将军的模样在京中招摇过市，这场史无前例的表演之
所以能成为朝廷最为重视的官方仪式，正是因为白河
院的政策。

　　白河院极大地改变了武士的生存方式，这一点在根本
上改变了维持平安京治安的方式，最终也改变了平安京本

---

　　① "院"原指日本古代天皇退位后的居所，也可作为受封"院
号"的太上天皇或法皇（以及其他获赐同等待遇的后妃或天皇家男女成
员）本人的别称。

身的面貌。可以说，这场由白河院引起的变革，正是让平安京转变为"京都"的关键契机。正是"京都"为院政这一政治体制提供了其在新时代所需要的社会基础，使其实践成为可能；也正是在这一时期，我们即将迎来"京都"诞生的时刻。

第二章　"京都"的诞生
与"天下"之谜

——代表秩序的平安京、代表君权的
鸟羽与代表往生极乐的白河

屈服于白河院政的摄关家：
藤原忠实的悲惨经历

60　　　院政是一种从摄关政治的空白中萌生的权力体制。治
历三年（1067），担任关白长达四十八年的藤原赖通在七
十六岁高龄时辞去该职，其父藤原道长生前曾让他把关白
之位交给弟弟教通，但赖通自己更希望让儿子师实继任，
在这样的矛盾之下，关白一职暂时空置。结果，藤原教通
于次年成为关白，并一直任职到承保二年（1075）去世
时为止。藤原教通去世后，三十四岁的藤原师实继任关

白。当时在位的白河天皇于应德三年（1086）让位于其子堀河天皇，于是藤原师实成为摄政。堀河天皇成人后，藤原师实再次就任关白，直到宽治八年（1094）将关白之位传与三十三岁的儿子藤原师通，并于七年之后离开了人世。

白河院有着滥用院政权力的倾向，但关白藤原师通性格刚直，对此进行了有效的遏制。藤原师通鼓励学术，敬重大江匡房等儒学者，自己也精通百家典籍，在他于承德三年（1099）六月去世之后，史料曾评价他担任关白期间"天下肃然"（《本朝世纪》）。师通去世时年仅三十八岁，摄关家的命运在其死后也开始急转直下。大江匡房也感慨"天与其才，不与其寿"，为藤原师通的英年早逝而惋惜。藤原师通的长子忠实此时年仅二十二岁，官居权大纳言。根据惯例，只有曾担任过左右大臣的人才能就任摄政关白，藤原忠实因此没有被任命为关白，而是被赐予"内览"之权。所谓内览，指的是在奏章呈给天皇之前先行阅览的权力，史料中称"内览之权等同关白总揽万机之权"（《中右记》大治四年七月十七日条）。换言之，内览之权在实质上等于关白之权。

在摄关政治的鼎盛时期，藤原道长曾作为权大纳言凭内览之权成为事实上的关白，随后即便升任右大臣、左大臣后也没有就任摄政关白，而是以内览之名主持了一条、

61

三条两朝天皇在位时的朝政（后来后一条天皇即位时，道长才成为摄政）。按照这个先例，藤原忠实同样以权大纳言的身份获得内览之权，形式上重演了摄关政治的巅峰时刻。然而重要的是，在以道长为代表的摄关政治鼎盛期，摄政、关白的头衔不是掌握权力的必要条件。藤原道长当年不是靠摄政关白的身份掌握实权，而是在掌握了实权之后才成为摄政，这一条件是藤原忠实不具备的：他的内览之权并非靠自己的权威赢得，而是白河院出于自己的顾虑赐给他的。在行内览之权的第二年，藤原忠实升任右大臣，具备了成为关白的资格，但他在之后的五年里都没有获准担任关白一职，直到长治二年（1105）才就任关白。此外，从白河院的父亲后三条天皇一代起，摄关家便不再是天皇家的外戚，这让摄关家在政坛上的存在感大打折扣。

堀河天皇在位时积极理政，与父亲白河院彼此尊重，通过协商维持着朝廷的运转。但在藤原忠实就任关白两年之后的嘉承二年（1107），堀河天皇也在二十九岁时便早早地离开了人世，由年仅五岁的皇子继位，是为鸟羽天皇。由此开始，院政不再受到遏制，白河院走上了独断专行的道路，藤原忠实也如风浪中的小舟一般，在院政体制下随波浮沉。鸟羽天皇即位后，时年三十岁的藤原忠实就任摄政；六年后的永久元年（1113），鸟羽天皇成人，藤

62

原忠实随即成为关白。然而，此时无论摄政还是关白都已
屈服于院政权力之下。

专擅腐败的院政体制

大治四年（1129）白河院去世时，藤原宗忠曾评价
他施行的院政"任意不拘法"（《中右记》）。白河院生前
在进行"理非决断"（主观决策）时"赏罚分明、爱恶揭
焉"（爱憎分明，对偏爱之人大加褒赏，对触怒自己的人
严加惩罚），这种无视法规、理性和学问的标准，以院的
主观好恶为准绳的施政方针在众人之间造成了两极分化。
一些"男女之殊宠"（特别受宠之人）作为白河院的近臣
权势日盛，无视与生俱来的等级身份，扰乱"天下之品
秩"，为自己谋取巨额利益，与不受重用者之间拉开了悬
殊的差距，这一局面在史料中被形容为"贫富显然"。

院政权力的根源在于院是太上天皇，以天皇监护者的　63
名分可以自行决定朝廷的人事任免。白河院充分利用这一
人事权，将受领（国司）职位授予宠爱的近臣，允许他们
以权谋私。当时的受领只要向朝廷缴纳一定数额的赋税后，
就可以任意从民众手中强取豪夺，将所得利益收入自己囊中。
因为职务利益极大，很多受领在任期结束后仍想继续担任受
领，便向白河院进献了大量财富，而白河院生前也因频繁修

建庞大的院御所和佛寺而需要大量资金，为回报受领们的贿赂，他乐于动用自己的人事权，让他们反复担任受领。

就这样，白河院政淘汰了平安京的古老体制，令新城市京都的诞生成为必然。

藤原道长的法成寺：
在平安京外建造重要建筑物的时代

如本书前言所述，平安京和京都之间在现实空间上最大的区别在于范围。平安京的居民大多聚居于左京四条（今天京都的中心干道四条通①）以北一带，那里人口密度过大，土地逐渐不敷使用。相比之下，右京（平安时代的朱雀大路，即今天京都的千本通以西）和四条以南的地段因过于低洼，容易遭受洪涝灾害，一直少人居住。这样一来，左京北部的居民区逐渐越过了平安京北端的一条大路（今天京都的一条通）和东端的东京极大路（今天京都的新京极商店街），朝北边和东边两个方向强行扩张，以缓解土地不足的问题。

起初，平安京的范围也曾向北扩张过一次，把一条大

---

① "通"在日语里就是街道的意思，因这些街道名已固定下来，为方便读者参照现在京都的地名，本书中均保留日文原有的名称。

路的位置向北迁移了两町（约 250 米）的距离（泷浪贞子，1984），自"最初的一条大路"即土御门大路（今天京都的上长者町通）以北的新扩城区在当时被称为"北边"（见后文图 2），其中属于左京的"北边"地区正是摄关政治时期的掌权者集中的地方。藤原氏一族中最早担任摄政的藤原良房①曾在正亲町小路（今天京都的中立卖通）以北、东京极大路以西面积两町（一町即平安京"棋盘"格局中的一格，为边长 120 米的正方形地块）的宽敞土地上为自己修建了"染殿第"（《拾芥抄》中）。藤原道长也曾在土御门大路（上东门大路）和东京极大路的交叉点（可能在上东门大路以南）附近建造了"上东门第"（《日本纪略》长和五年七月二十日条）。因为藤原摄关家的掌权者偏好居住在左京北端，很多廷臣也趋之若鹜，在这一地区定居。

随着藤原道长晚年在左京北端一带修建了规模庞大的法成寺，左京北部地区的人气更是不可阻挡。法成寺北起土御门大路之末，南达近卫大路之末（"某某大路之末"指的是大路在平安京外的延长道路），东边与鸭川岸边的堤坝相邻，西边以东京极大路为界，完全位于平安京以外，寺院东西宽一町多、南北长两町，占地很大。笃信净

①　藤原良房（804—872），出身于藤原北家的公卿，贞观八年（866）被清和天皇任命为摄政，开创日本古代由非皇族成员担任摄政的先河。

土宗的藤原道长在法成寺内设置的"阿弥陀堂"被称为"御堂"，道长本人因此被后世称为"御堂殿"，被评为世界记忆遗产的道长日记《御堂关白记》也由此得名（染殿第、上东门第、法成寺的位置参见图2）。

65

为了修建法成寺，藤原道长曾于治安三年（1023）搬走了罗城门的础石，挪用到自己的工地上。罗城门位于平安京的主干道朱雀大路入口处，是整座城市最具象征意义的正门，但因为朱雀大路的主要用途是举办朝廷的外交仪式，随着后者逐渐废弛，这条街道只有在举行大尝祭等少数仪式时才会使用，又由于右京地区人烟稀少，朱雀大路作为中轴大道的意义逐渐丧失，沦为孤儿、盗贼和牛马横行的场所（《大而无当的平安京》），四十年前倒塌的罗城门也无人问津，沦为一片废墟。大权在握的藤原道长挪用罗城门的础石，让这座可有可无的残破建筑寿终正寝，也公开宣告了旧时代平安京的终结，挪用了罗城门础石的法成寺则成为新时代的象征。由此开始，便是将重要建筑物修建在平安京以外的时代了。

"京都"的诞生：白河院开发白河地区，
都城中轴线东移

就这样，大权在握之人对右京和左京南部地区不屑一顾，开始将炫耀自身权势的大型建筑建造在平安京以外，尤其是平安京以北和以东的地段。然而，左京东方不远处就是鸭川。法成寺的选址几乎与鸭川河道相接，而从法成寺往南，鸭川的流向更加靠近京城，甚至延伸到平安京境内，所以鸭川西岸并无多少空地可用。既然如此，新的城区就只能建设在鸭川东岸广阔的空闲地段"白河"一带。

白河地区相当于如今京都的平安神宫和京都市动物园一带。这里曾是度假胜地，藤原道长在此修建了别墅，后来藤原赖通在继承其遗产之后曾在此居住过（《左经记》万寿五年三月二十日条），最终藤原赖通之子藤原师实将其献给了白河天皇，白河天皇对开发此地有很大的兴趣，在那里建立了法胜寺。法胜寺南北长两町（或以上）、东西宽两町，面积接近法成寺的两倍，其大门正对二条大路东端（见图2、图3），如此庞大的土地只有可能在平安京外才能找到。法胜寺开工于白河天皇于二十岁即位的三年后、白河之父后三条上皇病逝两年后的承保二年（1075），主体设施在第二年便告完工。随后，高二十七丈（81米）、规格前所未有的八角九重塔在承德二年（1098）也宣告完工［八角九重塔在永保三年（1083）一度建成，但因过度倾斜而有倒塌的风险，后来被重修］。

白河天皇在位时便把修建巨大寺院作为彰显天皇权威的手段，将法胜寺奉为"国王之氏寺"（《愚管抄》），置于佛教体系的核心。鸭川东岸的白河之地因此形成了一片

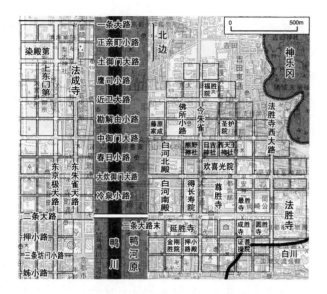

图 2　白河地区与扩张后的左京（基于山田邦和，2012 加工）

图 3　白河全景（复原模型）

　　本书中的复原模型图皆为京都市历史博物馆收藏、京都市平安京创生馆展出的展品。

样式最新、规模最大的宗教空间，其实质则是炫耀白河天 68
皇权威的"纪念碑"。法胜寺内令人不可思议的八角九重巨
塔（见图4、图5），也是建筑技术的进步与白河天皇的个
人权威诉求相呼应的产物。在法胜寺正门外的二条大路末
端延长线上，后续的历代天皇与皇后也陆续兴建了一些以
"胜"字命名的大寺院，包括法胜寺在内共有六座，被统称
为"六胜寺"。伽蓝林立的白河地区此时已不再只是平安京
近郊的一片乡野之地，而是成为都城在鸭川东岸的延伸。

图4 法胜寺八角九重塔（复原模型）

图5　法胜寺八角九重塔塔基遗址（《京都手册》第269页）

　　就这样，从摄关政治到院政期，平安京的右京地区逐渐荒废，本应为平安京东部边界的东京极大路和鸭川沿岸成为新的城市中轴，一种以左京为西半部、以白河为东半部的格局开始形成。在东京极大路以东新设立的东朱雀大路（见图2）便是这一变迁的最大象征。

　　朱雀大路原本是平安京自南向北的中轴大道，将京城城区分成左京与右京两部分（见图1），但这条大道此时已失去中轴线的功能，逐渐荒废。由于此时京城的中轴线已转移到左京和白河之间，这里新建了一条东朱雀大路，取代了旧朱雀大路的中轴地位。之后，"朱雀"二字开始越来越多地指代这条东朱雀大路，到源平合战前后，原本的朱雀大路反而开始被人称为"西朱雀"了(《吉记》寿永二年七月三十日条)。

此时的都城不但将旧京城的西半部分整个抛弃,还将平安京边界外的地段纳为主要街区,因此已无法与"平安京"之名相称了。这也就是说,"京都"诞生了。 70

白河天皇把白河地区开发成了庞大而崭新的宗教区域,但他自己的住所"内里"仍位于平安京内。在即位的最初几年里,他曾居住在大内(大内里之中原本的皇宫所在地),后来又曾移居高阳院、六条殿、堀河院、三条乌丸殿等"里内里"。高阳院原本是藤原赖通的宅邸,位于中御门大路以南、西洞院大路以西;六条殿则是承保三年(1076)为充当天皇居所而新建的专用宅邸,位于六条坊门小路以南、高仓小路以西;堀河院是藤原摄关家代代相传的府邸,位于二条大路以南、堀川小路以东;三条乌丸殿是新修建的天皇专用居所,位于三条大路以北、乌丸小路以东(见图8)。

这些宅邸都位于平安京内,可见白河天皇在位时从未迁出京外。京城本就是供在天皇的宫殿中侍奉、工作的廷臣以及民众居住的城市,天皇不出京也是理所当然的。虽说天皇从宫殿中迁出、在廷臣的宅邸中辗转迁居这件事本身就很反常,但如果天皇把居所搬到平安京以外,也就无异于彻底否定这座京城的存在意义了。

天皇与院的都城：白河院
"宛如迁都"的鸟羽开发计划

如上所述，只要白河天皇仍身居天皇之位，他的人身自由便注定要受到约束。不过，白河天皇自承保二年（1075）离开并未受损的大内之后就没有住回去，可见他在当时已对平安京旧有格局带来的束缚有所抵触。在之后的应德三年（1086），随着白河天皇让位于其子堀河天皇，开始实行院政，他终于从平安京的束缚中得到了解放。

白河院在让位之后曾暂居于在位时的居所六条殿（《为房卿记》宽治元年八月四日条），但他早在让位以前便开始在平安京南郊建设名为"鸟羽殿"的御所（见图6、图7）。鸟羽殿占地面积达到惊人的一百町以上，自鸟羽殿往南直至伏见的广大地域也全被划为院领（为上皇提供财务收入的领地），圈地范围可谓惊人（《中右记》嘉保三年六月三日条）。

一百町的土地面积约为 1.44 平方公里，与今天东京都千代田区千代田一带的面积（1.42 平方公里）相当（东京都千代田区官方网站）。千代田区的千代田地域包括了皇居和皇居东御苑及环绕其周边的护城河（内堀），今天的东京地铁在皇居区域周边总共设有日比谷、大手町、竹桥、九段下、半藏门、永田町、樱田门和有乐町八站（有乐町和日比谷两站间有人行步道相连），只要与此相比较，我们就不难想见当初的鸟羽一带有多广阔。

平安京中被实际开发为居民区的土地面积在平安时代初期的天长五年（828）约有五百八十町（《大而无当的平安京》第 154 页），这一数字在之后的一个半世纪里也没有显著改变。由此推算，白河院在鸟羽开发的一百町土地相当于当时平安京实际居住面积的 17%。一次性开发一片如此广大的土地，确实是异乎寻常的大手笔。

在鸟羽的院御所周围，从白河院退位前起便随侍的近臣们不分身份贵贱，全都被赏赐了宅基地。史料记载，这些近臣在鸟羽新城区完工时一道迁入的壮观景象"宛如都迁"。白河院的多名近臣还曾多次在各令制国中担任受领，为筹措鸟羽御所建设所需的费用，不惜在全国征收赋税。为了美化御所，他们还挖掘了南北长八町、东西长六町的人工湖，并堆砌了土山（《扶桑略记》应德三年十月二十日条）。虽然工期有所拖延，鸟羽殿（南殿）还是于应德四年（1087）二月完工，在前一年让位的白河上皇随即入住（《百炼抄》）。

"宛如都迁"这四个字具有极为重要的意义。鸟羽殿周边地域的开发规模极为庞大，在完工之后又入住了大量接近政权中枢的重要人员，这一工程在实质上已与另建新都无异。

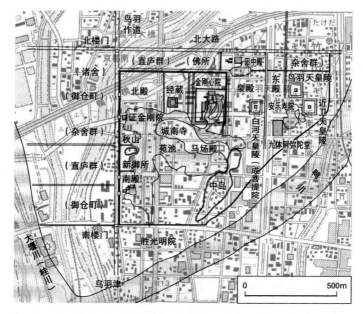

图 6　鸟羽殿（基于山田邦和，2012 加工）

图 7　鸟羽殿全景（复原模型）

一般认为，除了 12 世纪末的平家政权曾在短短数月之内迁都福原之外，直到明治维新为止，平安京在长达 1100 年间都是日本唯一的都城。然而，此时平安京的右京已近乎荒废，如今在其南郊又建立了一座近似都城的新都市鸟羽，它几乎代替平安京行使了一半的首都功能。从这一层面上看，鸟羽宫苑的开发确实可算作半个迁都工程。

白河院之所以没有彻底舍弃平安京，而是让左京和鸟羽殿彼此贯通，形成一座新都市，是因为所谓院政的权力在本质上仍是作为天皇的监护人（父亲）所具有的权力。因为院无法舍弃天皇，而天皇无法离开平安京，院政体制也只能将平安京（至少是其中一部分）保留下来，形成平安京（左京）与鸟羽殿分工并存的格局。换言之，白河院在"天皇之都"平安京附近建造了"院政之都"鸟羽，正是这两片城区之间的合作有效维持了院政体制的运转。平安京的"里内里"与院的御所鸟羽殿拥有同等的重要性，只有互相补充，才能发挥京城的作用，这便是诞生于院政时代的"京都"的最初面貌。

74

城南寺祭的流镝马和竞马仪式

鸟羽承担了京城功能的证据在城南寺的祭礼中可见一

斑。自白河院开发鸟羽以来，城南寺就成了名为"城南寺祭"的祭礼活动的举办地。城南寺祭的主要仪式在每年九月二十日举行，而史料记载白河院曾在康和四年（1102）九月二十日和长治元年（1104）九月十九日亲临城南寺参观了寺里举行的明神御灵会（《中右记》），这可能就是城南寺祭的原型。所谓御灵会是镇抚愤怒作祟的怨灵、将其转化为保护神的仪式。城南寺虽为佛寺却举行了祭祀明神的御灵会，其原本的目的可能和祇园御灵会（今天的祇园祭）一样，旨在通过祭祀瘟疫之神防范传染病。

天仁二年（1109）以后，城南寺明神御灵会在史料中开始被称为"城南寺祭"，祭礼的性质似乎在白河院的介入下发生了改变。在这一年里，白河院在名为"马场殿"的地方参观了一场祭礼（《殿历》），由此开始，原本由鸟羽乡间神社主导的本地祭礼——城南寺明神御灵会逐渐演变成了与"院政之都"鸟羽的地位相匹配的官方祭祀活动。

"马场殿"顾名思义，是供人观看骑手表演马术等技艺的场所，那么驾临城南寺祭的白河院在马场殿里观看的是怎样的活动呢？天承元年（1131）的一份史料揭示了问题的答案。源师时①的日记《长秋记》在记载这一年的

---

① 平安时代后期贵族（1077—1136），系前文提到的《水左记》作者源俊房的次子，因曾官居皇后宫（汉名"长秋宫"）权大夫，其日记在后世得名《长秋记》。

城南寺祭时曾提到，当时的上皇观看了一场名为"以武佐女"（ibusame）的活动，他之所以没能写下这场活动的汉文名称，当是因为他初次听到这个名字，所以不知道如何用汉字表述。根据他的记载，在名为"以武佐女"的活动中，受领和武士选派"射手"骑马射击"三枚靶标"，以此较量弓马技艺，若与"以武佐女"这一发音相对照便不难看出，这正是今天的"流镝马"（yabusame）。事实上，在记载第二年的城南寺祭时，源师时就在日记里正确地写出了"流镝马"的名字。据源师时所述，白河院手下的北面武士（白河院首创的直属于院厅的武士）和卫府武官的"郎等"（仆从）都曾在这场祭礼上参加流镝马活动，比拼骑射成绩。

到康治元年（1142）年，记载城南寺祭的史料中开始出现关于竞马的记录（《台记》）。在竞马活动中，两名骑手需要一边竞速、一边互相争斗，凭速度和技术决胜负。在第二年即康治二年（1143），城南寺祭既举行了流镝马也举行了竞马；但在久安二年（1146），史料记载城南寺祭期间"无竞马，有流镝马"（《台记》）；另外，在仁平元年（1151），史料又记载城南寺祭期间只进行了竞马（《本朝世纪》）。两种活动虽时有变动，但每年至少举行其中一种。

76

院政体制的官方练武仪式（流镝马）
取代五月五日的骑射民俗（五月会）

流镝马成为朝廷例行仪式的来龙去脉值得我们关注。中国古代曾流行一种与天文历法无关的民俗信仰，认为每年奇数月与月份数字相同的日子，如三月三日、五月五日、七月七日、九月九日是所谓的"节目之日"，亦即"节日"，宫廷里也时常在这些节日期间举行种类繁多的庆祝活动。

出于某些原因，上述节日与"练武"活动产生了关联，成为朝廷动员兵将举行军事演习、展示骑射之术的日期，唯独五月五日端午节在中国没有和练武产生关联，人们只是用菖蒲和香囊装饰屋檐，以驱赶瘟神。

另外，日本从 6 世纪末遣使隋朝开始，便大量引进了中华王朝的思想和价值观体系，将其与日本固有的习俗相结合，产生了独特的官方仪式体系。奇怪的是，在中国原本与练武、骑射没有关系的五月五日端午节，在日本却成了骑马猎取鹿茸的所谓"药猎"之日。

药猎的习俗最早出现于推古天皇在位时期（6 世纪末到 7 世纪初），在那之后便很快废止。不过，在五月五日练兵、骑射的习惯在飞鸟时代和奈良时代得以延续，直到

77

迁都平安京以前，天皇都会在五月五日于大内里设席观看卫府属员表演骑射技艺，是为"五月五日骑射"。这一活动后来又得到进一步发展，形成了五月五日骑射、五月六日竞马的模式，被称为"五月会"。

不过，随着摄关政治从 9 世纪中叶开始兴起，天皇逐渐不再参加五月会，这一习惯也趋于废弛，最终以两种方式勉强得以延续。其一，朝廷每年仍为选拔、训练精兵举行预备演习，第一场演习被称为"荒手结"，在平安时代末期一般于每年五月三日、四日举行，第二场演习被称为"真手结"，一般于五月五日、六日举行，"五月会"之名就此销声匿迹。其二，院和藤原摄关家会在自己的住所以个人名义举行类似五月会的活动，因避讳正式的五月会而称为"小五月（会）"，其性质也更加娱乐化。

然而，在 11 世纪末期，都城中突然出现了一种名为"流镝马"的骑射技艺，并逐渐成为"小五月"的节目之一。流镝马和"小五月"紧密结合，到 12 世纪后半叶后白河法皇于京都创建新日吉神社（见页边码第 235 页），在社内举行名为"小五月会"的祭礼时，流镝马也是当时的项目之一。

关于流镝马的起源有不同的说法，一些观点认为流镝马诞生于京城之内，还有一些说法认为流镝马脱胎于京城近郊居民的骑射技艺，但两种说法都得不到决定性证据的

78　　支持。就笔者所知，目前还没有一项研究能根据可靠史料解答流镝马的起源问题，流镝马诚可谓一门不知来由的神秘技艺。

　　从源师时听到"流镝马"之名也不知在《长秋记》中如何用汉字表述，只得根据读音记作"以武佐女"的做法来看，流镝马显然不是诞生于京城、具有明确传承谱系的正统武艺。这种武艺出现后不久，人们便开始将其写作汉字的"流镝马"。当时的平安京内无论贵贱都不曾听过流镝马之名，也不知该如何将其写成汉字，由此可以确定这个词语本身在京城就是无人认识的外来语，流镝马活动必然诞生于距离京城很远的外地，至于流镝马究竟是怎样诞生、又是如何传到京城的，笔者未来如有机会，定当另行考证。

　　无论如何，此处的重点在于，流镝马作为在 11 世纪末的白河院政时期突然出现的新技艺，在登场之后不久便被吸纳为白河院以及藤原摄关家主办的小五月会的一部分。而在白河院一手开发的鸟羽地区举行的城南寺祭中出现的流镝马活动，显然也与小五月会的流镝马同类，这一切的背后都离不开白河院的推动。

　　如此看来，城南寺祭中的流镝马和竞马赛事便不只是单纯的娱乐活动，而是与从前朝廷每年举行的官方军事操练活动——五月会（五月五日骑射）一脉相承。五月会

的废弛与卫府的衰退不无关系：到平安时代中期，近卫府
与兵卫府皆失去作用，甚至无法在天子脚下的平安京内维
持社会治安，而近卫府、兵卫府同时也是五月会上进行骑
射和竞马比试的主力。随着近卫、兵卫二府逐渐废弛，像
五月会这样一年一度定期召集武官演练骑射、展示马术的
活动自然也失去了意义。

补充平安京功能的鸟羽，
填补国家体制空白的院政

那么，既失去了意义也失去了主要参与者的五月会为
什么在院和摄关家的权力之下（以逐渐改变的面貌）得
以存续？如果近卫府和兵卫府无法出场演练骑射，还有谁
能担当此任？这些问题的答案与"谁来维持京城治安"
完全一致：由于卫府不能满足需要，当权者转而开始利用
武士的力量。

在院和摄关家开始组织小五月会的时期，武士已经在
社会上赢得了较高的知名度。此时的武士既作为泷口武士
负责维持京中治安，也作为小五月会的射手出入于院和摄
关家的宅邸。既然院与摄关家召开的流镝马活动是小五月
会的延伸，武士自然也会为此出力。

严格来说，在流镝马活动中实际作为射手展示骑射技

艺的并非武士本人，而是武士们的手下。在源师时写下"以武佐女"四字的天承元年（1131），当年城南寺祭的流镝马活动中有一个出身于美浓国、名为敦身二郎正弘的骑射名手，他便是由清和源氏出身的武士、源满政的后裔源重成选送的。

流镝马活动象征着新兴的武士阶层已取代衰败不堪的古老卫府，成为朝廷名下骑射技术的新代表。此外，原本由天皇主办的五月会骑射活动在白河院主导开发的鸟羽之地转变为由院主办的例行仪式，借助武士的力量得以复苏，这也表明院政这一代表了新时代的权力体制正在接过原本应由朝廷和天皇承担的责任，开始重振瘫痪的国家级官方事业。换言之，武士填补了卫府留下的空白，院政弥补了天皇制的空缺，鸟羽也补充了平安京的功能。

在白河院的时代，天皇和平安京都离不开院政和鸟羽的辅助，这一时期的"天皇制"指的就是包括院政在内的一整套政治体制，这一时期的"都城"指的也不只是平安京，而是包括鸟羽在内的一系列城区的综合体。鸟羽既然在这当中继承了平安京的部分功能，我们就应当将其视为首都的一部分。另一方面，得到了鸟羽的补充才能充分发挥首都功能的平安京，也只是这座首都的一部分而已。在鸟羽和平安京相辅相成、互相融合的基础上诞生的新首都，便是在中世被人称为"京都"的城市。

"京都"的诞生：见证"京都"
一词普及的院政时代

"京都"一词的历史颇为悠久。奈良时代初期的养老四年（720）编纂完成的《日本书纪》中，便时常出现将首都称为"京都"的表述（天智天皇五年是冬条）。《日本书纪》之后的下一部官修正史《续日本纪》也曾将天平十二年（740）朝廷建造恭仁京①的事件记载为"始作京都"，将次年迁都恭仁京一事记作"京都新迁"，将在恭仁京向居民分配宅地记作"班给京都百姓宅地"。鉴于《续日本纪》成书于桓武天皇一朝，这样的表述或许只能反映编纂者所处时代的观念，但在天平神护元年（765）称德天皇对因涉嫌谋反被捕的和气王下达的诏命中，也出现了"召入京都"的字样，可见"京都"一词确曾为奈良时代之人所用。桓武天皇本人在提及迁都长冈京一事时，也写道"新迁京都"（《续日本纪》延历五年五月三日条）；在其后的正史中，当诏书言及都城时，也经常使用"京都"的说法（《日本后纪》延历二十四年二

81

---

① 圣武天皇授意兴建的都城之一，位于山城国相乐郡（今京都府木津川市境内），未及完成即在天平十五年（743）宣告停工，都城亦迁往近江国甲贺郡（今滋贺县甲贺市）紫香乐宫。

月十日条、天长四年二月二十六日条，《日本三代实录》贞观十六年闰四月七日条等）。

在太政官下达的官方文书——太政官符中也有过"京都"的记录。天长三年（826）及宽平三年（891）的太政官符中曾有"留于京都"的文字，嘉祥二年（849）的太政官符中则有"彼备中国近于京都"的表述（《类聚三代格》五、十九、十四）。《延喜式·弹正台》中也出现了"凡京都踏歌〔动作较为激烈的歌舞〕，一切禁断"的规定。

如上所述，"京都"一词虽然可以追溯到奈良时代，其使用场合仅限于官修正史、诏命、法令等严格遵循格式的官方文本。进入 10 世纪，虽然天皇和廷臣之间开始出现记日记的习惯，但这些记录在很长一段时间里都没有用过"京都"一词，这表明"京都"在当时尚未进入日常词汇的范畴。就笔者所知，时代较早的贵族日记中提及"京都"的事例只有一个，其指代的对象也不是日本的首都，而是外国（高丽）的首都（《小右记》宽仁三年六月二十一日条）。直到摄关时代以前，人们在日常语言中都不会用"京都"二字指代平安京。

82　　在日语里，京、都二字的训读都是 miyako，在意思上并无实质区别。所谓"京都"，只是为了好听而把两个意思相同的字重叠在一起创造出的雅语，在日常生活中反而显得累赘，毕竟只要将 miyako 写作"京"或"都"的任何一字就已足够了。

不过，这一情况在白河院政的时代突然有了改变。若在东京大学史料编纂所对外公开的网页"古记录全文数据库"上搜索，"京都"一词在藤原宗忠《中右记》从宽治元年（1087）到保延四年（1138）之间的内容中出现了23次，在大约同一时期的关白藤原师通的日记《后二条师通记》中出现了4次。由此可见，"京都"在这一时期作为朝廷人士的日常用语快速流传了开来。

藤原宗忠在日记中曾有"不问京都、诸国"（不分京都或地方）、"京都、外国"（京都与其他令制国）等表述（《中右记》长治元年十月七日条、六月二十四日条），表明将日本国土区分为"京都"与"地方"的观念正在这一时期快速普及。在藤原宗忠首次使用"京都"一词的宽治六年（1092），鸟羽地区已被开发为白河院的根据地，因此藤原忠宗用"京都"指代的也不只是平安京本身，而是平安京和鸟羽连成一体、互相补充之后形成的新城市。由于"京"一直以来都是平安京的同义词，在首都（miyako）已不只局限于平安京的时代，它便需要一个 83 新的称呼，当时的廷臣们很可能就是出于这一原因将雅语中的"京都"一词挪用到日常用语当中。

白河院的里程碑意义：
将鸟羽作为一座完整城市来规划和开发

在之前的摄关政治体制下，掌权者在平安京外开发新地段时往往只建造用于自己居住和举行仪式的设施，但白河院在规划鸟羽时更进一步，把鸟羽视为一座有近臣和市民居住的完整城市，对各种功能通盘考虑，这一构想具有里程碑式的意义（大村拓生，〔2000〕2006）。换言之，白河院是迁都平安京以来第一个从"建设一个完整都市区"的角度出发开发新城区的人物。他的这一方针在此时业已开发的白河地区也有同样的体现，使当地以法胜寺为核心得到了快速发展。接下来，笔者将简要回顾白河地区的开发史。

自嘉保二年（1095）五月起，白河院开始将法胜寺西边一位法号觉圆的高僧的宅邸当作自己的御所（《中右记》）。这处院御所被称为"白河泉殿"，偶尔在白河院参拜法胜寺时充当他的临时住处，逐渐和鸟羽一样成为院政的另一重镇。永久三年（1115）十一月，白河泉殿在平正盛（平清盛的祖父）的主持下得到重建，成为白河院本人"移徙"后的正式院御所（《百炼抄》）。"移徙"指的是屋主从本宅（作为根据地的宅邸）迁往新宅的仪式，白河院借此公开宣布"将院政的根据地从鸟羽迁到白河"。三年后的元永元年（1118）七月，白河泉殿的北侧又建成了规模宏大的府邸"白河北殿"（《中右记》），白河泉殿也因此改名为"白河南殿"，南北二殿彼此相望，构成了一座占地广阔的院御所。

84

大概从这一时期开始，以堀河天皇于康和四年（1102）发愿建造的尊胜寺为首，白河地区陆续于元永元年、大治三年（1128）、保延五年（1139）、久安五年（1149）建成了最胜寺（鸟羽上皇发愿建造）、圆胜寺（鸟羽天皇的皇后待贤门院①发愿建造）、成胜寺（崇德天皇发愿建造）、延胜寺（近卫天皇发愿建造）。这五座佛寺与法胜寺一道，合称为"六胜寺"。六胜寺皆为所谓"御愿寺"，它们都是上皇和天皇为个人需要进行祈祷的场所（尤其是为了祈祷自己死后成佛），也会举行大规模国家级宗教仪式，以炫耀院政的权威，这些工程的背后都离不开院近臣在受领国司任上聚敛的财富的支持。

开发平安京外地段的原因：京中佛寺禁止令

为什么白河院产生了在平安京以外建造新城市的想法

---

① 本名藤原璋子（1101—1145），被立为鸟羽天皇中宫后赐院号"待贤门院"，是崇德天皇、后白河天皇的生母。

呢？的确，如果将用于开发鸟羽、白河的巨量资源用于复兴平安京，把建设在新城区里的那些绚烂奢华的御所、佛寺建到平安京境内的话，平安京这座城市或许就能重振威风，不会变身为中世的新城市京都了。

然而，在平安京内建造像白河、鸟羽那样庞大的建筑群是不可能的：除了单纯的土地不足之外，在平安京内进行开发还面临着一个更为根本的束缚，那就是本书前言业已提到的"不许在平安京境内建造佛教设施"的禁令。

延历二年（783），桓武天皇针对新都长冈京发布了对"京畿"（京城及其周边地区）之地"私立道场"的行为严加取缔的命令（《续日本纪》延历二年六月十日条）。此处的"道场"指的是佛教设施，寺院（指有专属僧人的佛教设施。在平安时代初期，无论开寺还是出家为僧都需要朝廷的正式承认）自然包含在内。当时所用的"堂舍"一词相当于现代所说的"佛寺"，舍弃了平城京的桓武天皇并不想在新建的首都看到这些佛寺的身影。这部"京中建造佛寺禁止令"在迁都平安京之后虽然没有失效，却逐渐失去了约束力，沦为空文。

然而，白河院以三个世纪以来所未见的严厉态度再次贯彻了这道有名无实的禁令。宽治元年（1087），白河院向京职发布了如下命令："比来两京之间，多立堂舍，事乖朝宪，理不可然。宜仰左右京职并检非违使，任先符旨，自今以后，严从禁遏者。"（《本朝世纪》《为房卿记》八月二十九日条）

"京中不许建造佛寺"这一基本原则的存在本身便有着巨大的意义。在这一禁令之下，只有东寺和此时早已荒废的西寺作为国家官方寺院得到了特许，坐落于平安京南大门——罗城门左右两边。东寺正式的寺号为"教王护国寺"，即"教导君王（天皇）、守护国家"之寺，该寺的存在意义正在于此。东寺的长官号为东寺长者，要从各路佛寺中挑选高僧轮流担任，不能由特定的寺院或派阀垄断。就这样，东寺和西寺与官僚机关一样遵循着官僚制的运作逻辑，完全处在国家权力的控制之下，它们都只是国家机器的一部分，也是隶属于平安京的一分子。

86

东寺和西寺代表的是为国家服务的佛教，亦即"镇护国家佛教"。在平安时代的朝廷看来，平安京内除了镇护国家的佛教寺院之外，并不需要别的佛寺。在桓武天皇建造平安京的二十多年前，当时在位的称德天皇一度想把皇位让给僧人道镜，国家大权险些为僧侣篡夺，而对佛寺的戒备心无疑源自这一历史教训。在那之后，朝廷将首都从自古以来的根据地大和迁出，在较为偏僻的山城（山背）国境内另造新都，其目的即把政权与在平城京根深蒂固的东大寺、兴福寺等大寺院切割开来，换言之，新都城平安京没有理由再充斥着诸多寺院。

作为修隐之所的佛寺理当建于京外

但在另一方面，平安时代也是天皇与廷臣们在私人层面笃信佛教的时代，掌握财力与权势的人们在这一时期大肆建造佛寺与佛堂。起初，这种需求只能在平安京外得到满足。第一位出家成为法皇（出家了的上皇）的天皇宇多勤修佛法，亲自撰写著作宣讲佛教教义，还收徒十三人，向他们传授佛法，由此而生的法系（教义传承）分成了广泽流、小野流两派传于后世。宇多法皇在仁和寺出家，于大觉寺灌顶（用水灌洒头顶以与佛结缘的佛教仪式）。

仁和寺与大觉寺都位于远离平安京的西郊。仁和寺是宇多为其父光孝天皇建立的寺院，体现了宇多个人信仰的一面。大觉寺原本是名为"嵯峨院"的后院（天皇退位后的居所），嵯峨上皇退位后喜欢居住于此。嵯峨天皇的女儿、后来成为淳和天皇皇后的正子内亲王将其中部分区域改建为寺院。另外，在嵯峨院旧址上还有嵯峨天皇皇后橘嘉智子发愿建造的檀林寺和嵯峨天皇之子源融①居住的栖霞观，源融死后栖霞观改为栖霞寺，是为后来清凉寺的前身。嵯峨地区得益于天皇家代代建造寺院，逐渐得到了开发。

在这之后，随着10世纪晚期醍醐天皇的皇子兼明亲王在嵯峨建造别墅，当地逐渐成为广受廷臣欢迎的置业隐居之所，在镰仓时代初期选定《小仓百人一首》的藤原定家的小仓山庄也在嵯峨一带。因天皇退位隐居而得到开发的嵯峨之地本来就是供人退休之后隐居的地方，在这里修建的诸多寺院也是供天皇、皇族和廷臣引退之后专心礼佛的场所，这样的设施自然不必在平安京内。甚至可以说，平安京是天子所在的首善之地，也是臣子作为官僚工作的地方，作为为现役人员建设的地方，平安京自然不应该有退休隐居之所。

88

面向现世的平安京，面向来世的白河

不过，在摄关政治趋于鼎盛的10世纪后半叶，出现了一位法号源信的僧人，在他的影响之下，净土宗开始在

① 嵯峨天皇因皇子众多，将大部分儿子降为臣籍，下赐源氏，源融即其中一员。

宫廷社会盛行。净土宗的教义主张"他力本愿"，号召信徒通过阿弥陀如来的救度往生极乐净土，所谓"成佛"即为获得极乐净土这一安乐世界的永久居住权。"他力本愿"思想让信徒不必经过麻烦的修行也能成佛，因此广受欢迎。

净土宗的教义牢牢抓住了当权者们的心。大权在握之人的终极愿望便是长生不老，但在认识到寿命终究有限之后，他们的心愿便只剩下追求死后的安乐。正因如此，藤原道长将供奉阿弥陀如来像的阿弥陀堂设为法成寺的核心"御堂"，以最大限度地表现自己"想在阿弥陀如来的救度下往生极乐"的愿望。藤原道长之子赖通在宇治建造的平等院凤凰堂如今被刻在 10 日元硬币背面，成为家喻户晓的建筑，那座佛堂的本名也是阿弥陀堂。后来，平正盛也曾为白河院建造了一座"白河新阿弥陀堂"。

89　白河院和之后的多位天皇、上皇及皇族成员之所以在白河修建了如此恢宏壮丽的佛寺，就是因为相信只要造出尽可能华丽的寺院，自己就更有可能得到阿弥陀如来的救度，从而往生极乐（不过，这样的想法与"他力本愿"的教义完全背道而驰了）。

相信人只要造立佛堂、佛像就能更好地克服死亡，这样的观念一旦萌生，便会形成势不可当的建造佛堂的风潮。白河院在白河这一别墅地带建造了与自己的地位相匹配的巨型寺院，而不需要如此规格、不具备如此财力的人也开始在自己的住宅院落内力所能及地建设安放佛像的"持佛堂"。平安京中虽然有禁止建造佛教设施的规定，却无法抵挡个人以宗教信仰"克服死亡"的强烈需求，建造佛堂的风潮就这样无视官方禁令，如火如荼地发展了起来。

为阻止在平安京内建造佛教设施的风气，白河院如前文所述，在宽治元年（1087）重申了"京中不许建造佛寺"的禁令，并要求有司严加执行。此时距离法胜寺开工建造已过去十二年，白河院下此严令的目的正是把佛教活动从平安京赶出、再集中到白河一带，以让京城和白河迥然有别，前者属于关注现实世界政治事务的天皇，后者属于虔心祈祷死后往生极乐的法皇。所谓"京都"就这样以鸭川为界，分成了"为现世生活服务的平安京"和"为来世生活服务的白河"两大功能区。

那么，既然平安京内已有东寺这座寺院，白河院为何 90 还需要在白河地区另建一座宗教设施——法胜寺呢？回答这一问题的核心在于白河院让位之前将法胜寺设为"国王之氏寺"的举动。在此之前，天皇治下只有为镇护国家而设的官方寺院，却没有一座"氏寺"，即为自己和自己的子孙祈祷死后安乐的寺院。但因为白河院在执政时希望最大限度地彰显君主自己的人格，天皇（一家）终于开始以个人名义建造寺院。

"京中建造佛寺禁止令"的漏洞：
不是"寺"的佛堂

为祈求死后安乐，廷臣们纷纷在暗中违背法律规定，于平安京内建立佛教堂舍，但他们在此过程中并没有越过最后一根红线，即在京中建造字面意义上的"寺"。

在这种不是"寺"的佛教设施中，最古老的一座当属六角堂。这座底座为六边形的佛堂形状奇特，位于今天京都的闹市区四条乌丸以北不远处，附近的街道六角通（古称"六角小路"）便因这座佛堂得名，它的位置从未变过，毫无疑问就坐落在平安京以内。10 世纪末，有人以个人名义建造了这座佛堂，该堂在以"六角堂"闻名之后，便一直被人们以这个名字相称。虽然今天的六角堂有一个堂堂正正的寺号"顶法寺"，但这个名字在史料中最早也只能追溯到室町时代的应永二十五年（1418），当时的六角堂已建有"僧坊"，有了常驻的僧人，成为园城寺①的

① 园城寺的情况详见页边码第 145 页。

末寺，甚至羽翼丰满，与圣护院①联手和园城寺抗衡
（《康富记》应永二十五年七月二十六日条）。

不过，在此之前，无论古代还是中世，都很少有人称
这座佛堂为"顶法寺"，人们几乎只称其为"六角堂"。
究其原因，是因为只要继续沿用"六角堂"的名号，就
可以"这座设施无论多么宏大、多么有名，充其量也只
是一座持佛堂〔放置佛像的地方〕，不是佛寺"为由替其
辩护。

据传说，六角堂的历史可以追溯到迁都平安京以前的
飞鸟时代，在圣德太子在世时便已建立，今天顶法寺六角
堂的官方说明也采用了这一说法。但遗憾的是，这样的说
法只是为了增加权威性而强行延长本寺的历史罢了，这种
捏造的做法自古便有，不胜枚举。从文献上看，关于六角
堂的最早记载只能追溯到 10 世纪末；从考古学角度来说，
当地也没有发现比平安时代更早的寺院遗迹。

在平安京的北方和西方不远处确实存在两座建立于飞
鸟时代的古寺，分别是位于北野的野寺（也称北野废寺）
和位于太秦的广隆寺（也称蜂冈寺）。这两座寺都与圣德
太子有一定的渊源，若再与盛行于中世的圣德太子崇拜相

---

① 位于今京都市左京区的天台宗寺院，为代代由皇子担任住持的
"门迹"寺院。

结合，就能创作出在当时令人信服的传说。而对六角堂而言，创作出这样的起源传说，很有可能也是为了表明"本堂的成立时间比平安京还早，所以没有违反'京中建造佛寺禁止令'"。

92　　平安京内还有一座著名的佛堂"因幡堂"。长保五年（1003），曾担任因幡守的橘行平将自己在因幡国期间意外获得的一尊药师如来像安置于佛堂之内，该堂因此得名"因幡堂"。这座佛堂虽然也有"平等寺"的寺号，但在古代和中世都没有人使用这一称呼，直到室町时代人们仍称这里为"因幡堂"。该堂坐落在五条以北、东洞院以西，至今尚存，虽然从表面上看早已与佛寺无二，但其仍坚持延用"堂"的名称。

　　平安京中这些带有佛寺性质的宗教设施只要以"堂"为名，就能以"佛堂不是佛寺"为由委婉地绕开禁令。白河院一边试图贯彻"平安京主宰现世，白河面向来世"的方针，一边对这些"佛堂"睁一只眼闭一只眼，但他在内心深处应该还是想把佛教信仰掌握在自己手中，不想看到佛教在白河地区以外无视自己的管制随意活动，这一想法从白河院把"山法师"（延历寺僧人的武装申诉活动）列为"天下三不如意"（世上三件不如白河院心意的事）之一的传说当中也可见一斑。关于"山法师"的问题，本书的第四章将另行讲述。

"京都"＝代表秩序的平安京＋代表君权的 鸟羽＋代表往生极乐的白河

如上所述，白河院一手缔造的"京都"是由以下三大地区组成的。

①平安京的残余部分：代表秩序（天皇司掌现　93世政治秩序的场所）

②鸟羽：代表君权（院总揽现世政治权力的场所）

③白河：代表往生极乐（祈愿自院以下的所有人能在死后往生极乐净土的场所）

这种复合的状态和老式个人电脑颇有相通之处。个人电脑的效率在用了几年之后就会下降，这是因为新一代软件需要更大的内存和计算能力更强的中央处理器才能运行。不过，只要加装了内存和增强计算能力的外接设备，老旧的电脑仍能派上用场。

我们可以把平安京比作一台过时的电脑。虽然在完成时曾是市面上最新的产品，其中有一半的设备（右京）从一开始就没有得到使用，成为冗余，于是使用者舍弃了这冗余的空间，增设了必要的新部件。在接入了专门准备的新硬件——鸟羽之后，这台电脑得以突破旧操作系统（天皇制）的束缚、流畅运行最新操作系统（院政），还安装了最适合这一新操作系统的新式软件（国家级仪式）"流镝马"。

此外，"佛教"原本是设计旧式电脑和操作系统时未予重视的一项功能，如今却变得不可或缺。为了高效地运行与这一功能相对应的最新软件（新兴的大规模佛教仪式），这台电脑也需要接入专门的硬件设备，即大规模佛寺林立的白河地区。通过这个比喻，我们就能比较贴切地理解"京都"诞生的过程。

"天下"为何成为"京都"的同义词？

不过，"京都"并不是这一时期涌现的唯一一个新概念，还有一个词在这一时期也开始出现于史料记载之中，其与京都之间的关系有着十分重大的意义。这个词就是"天下"。

读者或许会问："'天下'一词怎么可能这么晚才出现？"的确，"天下"一词至少在 5 世纪的"获加多支卤大王"（中国史书称"倭王武"，推断为雄略天皇）时期便已出现，但笔者想要讨论的话题是"天下"一词的意思后来发生了改变,并和京都产生了直接联系。

白河院政时期的天永四年(1113),奈良兴福寺的"大众"(下级僧侣)发起强诉,朝京都进军。白河院立刻召集了以平正盛为首的各路武士进行防御。平正盛等人来到京都南郊的宇治地区迎击强诉的兴福寺僧人。本书将在第三章介绍平正盛,在第四章介绍武士和强诉的话题,但在这里,笔者想要关注的是这场冲突在史料中的表述方式。笔者在研读藤原宗忠的《中右记》时,从天永四年四月三十日(武士和僧人爆发战斗当天)的条目中发现了一个十分有趣的历史细节。因为接下来的内容十分重要,笔者将直接引用史料原文,其中有两处关键词用下画线和波浪线标出。

> 今日申时许,<u>南京大众</u>于宇治一坂之南原边与<u>京武者</u>已合战。

这句话的意思是"今天申刻(下午四时许),从<u>奈良出发的兴福寺僧人</u>已开始在宇治一坂的南原之地与<u>从京城出发的武士</u>交战"。这本是一段稀松平常的对于强诉事件的记述。然而,藤原宗忠在同一天的日记条目里对这起事件做出了另一种表述,正是这种表述与上述引文之间的微妙差别吸引了笔者的注意。接下来便是第二种表述的

95

京都的诞生：武士缔造的战乱之都

原文：

> 武士丹后守正盛以下，<u>天下武者、源氏、平氏之辈</u>，皆为御南京大众，遣宇治一坂边也。

这句话的意思是"为了阻挡<u>奈良兴福寺僧人</u>的进军，以平正盛为首，以源氏、平氏为骨干，'天下'的武士全部被派到宇治一坂附近"。比较两段引文，可以明显看出有下画线和波浪线的文字是彼此对应的，前一句引文中的"京武者"无疑等于后一句引文中的"天下武者、源氏、平氏之辈"，由此看来，带有着重号的"京"和"天下"也就是彼此对应的同义词。

因为史料中并未提到朝廷为应对强诉召集了全国各地的武士，这里的"天下武者、源氏、平氏之辈"指的不可能是"来自全国、此时正在京城的武士"。事实上，除了这一起冲突以外，僧人的强诉在其他时候也是靠当时正好在京城的武士抵挡的。

这样一来就出现了一个奇怪的现象："京"和"天下"二字不知为何联系在了一起。正如"天下统一""天下一品""天下无双"等词所反映的，"天下"一词通常指的都是"全世界"或者"全国"，如果翻看现在的日本国语辞典或汉和辞典，这就是"天下"词条下唯一的解

96

释。但在《中右记》当中出现的"天下"无论怎么看都没有"全世界"或"全国"的意思，只能解释为"京"（京都）的同义词。我们由此便可以得出一个惊人的结论，即在当时的廷臣看来，"天下"一词指代的就是京都这一范围较窄的地区。

"天下约等于京都"的观念
始于摄关政治鼎盛期

基于上述结论，我们未尝不可以做出如下推断：朝廷的贵族们视野狭隘，把小小的京都当成了整个世界，所以才将"天下"和京都画上了等号。平安时代的贵族对于地方行政，尤其是民政事务缺乏兴趣，地方在他们眼中是财税剥削的对象，只因提供赋税才有关注的价值。他们虽在朝廷的会议上不时表现出关心民情的态度，却从不会真的在民政事务上采取行动，可见关心民情的表态到头来也只是表态而已。对统治阶级来说，怜悯民众之心只是一种应当具备的时髦作风，目的不过是维持自己的体面，这些人当然是有可能坐井观天，把自己目之所及的京都盆地与"全世界"画上等号的。

然而，用"天下"指代"日本全国"的用法在这一时期并没有被人们忘却。10 世纪上半叶，朱雀天皇的摄

97

政藤原忠平曾在日记中记载了朝廷"为祈甘雨、年谷并天下平安"举办读经法会（《贞信公记》天庆二年六月二十日条），这里的"天下"指的显然是日本全国。藤原忠平之子藤原师辅也曾在日记中记述朱雀天皇即位后不久观看信浓国所献骏马一事时写道："天皇知天下后，今日初有此事"（《九历》承平七年八月十五日条）。"知"即"统治"，鉴于当时新天皇即位不久，此处的"天下"也应为日本全国之意。后来，藤原师辅还曾在日记中回顾朱雀天皇在位的时代，称其为"〔朱雀〕上皇天下之间"，这里的"天下"也是同样的意思（《九历》天历二年四月二十三日条）。到此时为止，日记条目中的"天下"二字指的无疑都是日本全国。

但在一代人的时间过去以后，"天下"一词的用法发生了变化。在藤原师辅的外甥（藤原师辅之兄实赖的养子）藤原实资的日记《小右记》中，出现了不少写作"天下"却显然不指代日本全国的例子。永观二年（984），有个身穿绀色①服装的可疑人员出现在内里腹地的日华门②附近，藤原实资在当天（十一月十一日）的日记中留下了"此事天下所怪"的记录。当时信息传递的

---

① 一种深蓝色。
② 位于内里正殿——紫宸殿东南方，离天皇及后妃的居住区不远。

速度有限，有可疑人员出现在内里这样的小传闻也不是需要快马传递的急报，在一天之内最多只能传到京都近郊。在事发当天便对此事感到"怪"（惊诧）的"天下"之人，无疑是指京城的居民。

藤原实资在其他地方也曾留下类似的写法。他曾在日记中批评当时的右大臣访问大纳言私宅"未有先例"，令"天下之人颇惊无极"（永观二年十二月六日条）；还曾批评某个僧人出行时的随从穿着过于奢华，"天下之人尤所惊奇"（永观三年二月二十三日条）。和之前的情况一样，这两处"天下"指的也不是日本全国，其范围实际上等同于京城。

藤原实资在日记中批评的那位右大臣即藤原兼家，他是藤原师辅的儿子、藤原实资的从兄，也是藤原道长的父亲。这一时期正是摄关政治的鼎盛期，贵族日记的文风突然发生了改变，表明对于"天下"一词的认识在藤原师辅一代和藤原实资一代之间出现了变化。在摄关政治的鼎盛时期，朝政的视野正变得越发狭隘，高层内部的权力斗争成了政局的焦点，藤原氏将政治活动当作一己之私事的倾向达到顶峰。在这时，人们的视野也难免变得狭隘，开始把京城内部的舆论（其实也只是小小的宫廷内部的舆论）和"天下"的舆论等同起来。

在上述事件之后，藤原实资也曾在日记中把天皇即位

99

后首次举行的佛教仪式和祭祀活动称为"治天下初之仁王会"（一种佛教法会）、"当时始治天下之神事"（《小右记》宽仁元年九月二十六日条、十月二十日条），可见用"天下"指称日本全国的用法尚未消亡。此时"天下"的含义也只是在传统的"日本全国"之外派生出一个"事实上仅指京城以内"的用法而已。换言之，藤原实资的这一用法只是用平安京中的舆论代表日本全国的舆论，并没有在地理层面把"京城"与"天下"等同起来。

从院政时代的"天下即京都"
到战国时代的"天下即畿内"

然而，在五百年后的战国时代，有史料证据表明"天下"一词指代的地理范围已有明确改变。访日耶稣会传教士路易斯·弗洛伊斯曾亲自见证织田信长和丰臣秀吉时代高层政局的动态，在他撰写的编年体史书《日本史》中，有大量关于"天下"的记录。例如，"当时掌握了'天下'（Tenca）的最高统治权，实行专制统治的松永霜台（松永久秀）①""三个异教徒领主（三好三人众）统

① 霜台为弹正台的唐名，此处指代松永久秀当时担任的官职"弹正忠"（弹正台的三等官）。

治着日本君主国（Monarquia），亦即'天下'"，等等
（《日本史》第一部第37章、第77章。日语译文摘自松
田毅一等，2000）。

三好三人众和松永久秀都是三好家中的头号实权人
物，三好家在当时的势力范围仅限于畿内（山城、大和、
河内、摄津、和泉五国，合称"五畿内"），不过是个区
域性政权。将三好家的势力范围称为"天下"，那么这里
的"天下"指的只有可能是畿内。除此之外，弗洛伊斯
也曾记载"河内国与摄津国是'天下'的主要国度"
（《日本史》第二部第47章）。从日本全国来看，河内和
摄津显然不是占据首要地位的令制国，这段文字也可证明
弗洛伊斯所说的"天下"就是畿内。

和弗洛伊斯大体同时（比弗洛伊斯略晚）访日的另
一位耶稣会传教士若昂·罗德里格斯①的著作《日本教会
史》第五章中曾留下了更为明确的记载（日语译文选自
江马务等，1967，1970）。根据罗德里格斯的描述，日本
全国分为多个行省（provincia），居于中心的行省名为
"都"（Miaco）② 或"京"（Kio），这里时常被称为"上"
（Cami）或"畿内"（Kinay）、"五畿内"（Gokinay），

---

① 汉名陆若汉。
② 以下单词均为葡萄牙语根据日语单词的音译。

"意为国王所在的行省或中央地带"。这些称呼都符合一般人对于"五畿内"地理概念的认识。

101　　　不过，罗德里格斯对"五畿内"做出了进一步的解释："这被称为'天下'（Tença）〔当是'Tenca'的笔误〕，指的是统治着日本的帝国或君主国。"这句话无疑表明，此时的"天下"一词指的就是"畿内"。

接下来，罗德里格斯还留下了这样的文字："据说控制这一行省的人统治'天下'，将日本全国的命令、支配与统治大权掌握在手中，这样的人被称为'天下殿'，抑或'将军'（Xôgun）、'公方'（Cuhô），意为王国的总司令。"换言之，罗德里格斯认为"控制了包括京都在内的畿内的人就是日本全国的统治者"，据此将统治"天下"（日本全国）的人所在的畿内称为"天下"也没有问题。

弗洛伊斯曾在《日本史》中记载，"织田信长是京都，以及日本人用来称呼日本王国的'天下'的领主""天下即为日本王国"（《日本史》第二部第31章、第三部第10章），他无疑知道"天下"既可以指日本全国，也可以指畿内地区。在其他地方，他还曾留下了"天下即'京都的君主国'""天下即日本人的君主国"等表述（第一部第54章、第58章）。既然弗洛伊斯把"以京都为象征的君主国"和"日本人的君主国"等同起来，那么把"天下"解作日本全国和把"天下"解作畿内的两种说法便不会是耶稣会传教士的一己之见，而是对当时日本人观念的忠实记录。最近学界也盛行一种说法，认为织田信长著名的"天下布武"印章并不是表达他想"以武力统一日本全国"，其中的"天下"一词当指畿内地区（神田千里，2014；金子拓，2014 等）。

"天下"在战国时代可分别指代日本全国和畿内，这一语义上的双重结构毫无疑问来自摄关时代用"天下"分别指代日本全国和平安京的用法。"天下"一词指代的地理范围在这五百年里如何从京城扩大到畿内地区的具体原因暂且按下不表，但笔者认为，此处真正值得关注的变化发生在摄关时代和前文提到的白河院政时期之间：摄关时代的"天下"指的还是舆论的来源地而非具体的地理范围，但在白河院政时期，"天下"开始指代地理意义上的京都，这一想法和之前的"天下"观相比，无疑朝着战国时代以畿内为"天下"的观念发展了一大步，而这一想法诞生的时期也与"京都的诞生"这一重大历史变革大体吻合。随着"京都"诞生于世，日本人对于"京都"这片土地的观念也有了变化，或许正因如此，人们对于与那片土地相关的"天下"一词的理解也逐渐有了改变。由此可见，"京都的诞生"造成了重大的历史影响，这种影响甚至改变了"天下"一词的含义，让日本社会朝着中世迈进了一大步。

"京"是上天降下天命之地

103　　综上所述，本章将在最后一节就"天下即京都"这一院政时代的特有认识背后的逻辑进行说明。因为"天下即京都"与"天下即畿内"的想法不同，研究战国时代的历史学者无法解答这一问题，而认为"'天下'代表了京城宫廷社会视野狭窄"的说法显然也无法为此提供答案。笔者认为，如果不将这个院政时代的问题与京都的诞生直接联系起来加以说明，我们可能永远也不会找到正确的解答。

　　那么，"天下即京都"的等式是如何推导出来的呢？在我看来，这一观念只有可能源自儒家的世界观，或者更准确地说，源自儒家的"礼"思想。

　　在我们看来，"天"指的就是天空，因为世界上任何地方都被天空笼罩，我们自然会认为"天下"指的是整个世界，但这只是我们作为现代人的思维定式而已。或许有人认为古人对"天"的认识来自记纪神话中的天照大神与天孙降临传说，但这也不符合事实。只从记纪神话的角度看待天皇与"天"的关系，这样的想法不过是近世以来狭隘的国粹主义思想的残余。事实上,直到中世为止,日本人的世界观都是更为多元而灵活的。

日本是来自中国的儒家思想、佛教和神祇信仰等思想的交融之地。只要阅读古代和中世廷臣的日记就不难发现,他们在日常生活中总是显露出儒家的世界观。当这些廷臣在日记中使用"天""天下"等词时,他们想到的几乎不可能是高天原或天照大神,而是儒家思想中的"天"。笔者基本通读了当时所有廷臣日记的刊印版,可以为这一论断担保。

在前近代的日本和中国,"天"指的并不单是天空本身。儒家的基本原则——"礼"的思想认为,"天"是万物的起源,世界上的一切事物都从"天"中诞生。除此之外,"礼"的思想也极度重视事物之间的因果与先后关系。换言之,如果 A 与 B 之间存在 "A 生 B"的关系,那么 A 的地位一定比 B 更尊贵,例如亲子之间,亲比子更尊贵。即便两个事物之间没有因果关系,其中率先存在的事物也更接近本质,后出现的事物只能列举次席,例如老人比少年更尊贵、兄长比弟弟更尊贵。

在这种世界观当中,作为万物起源的"天"比其他一切事物都要尊贵。因为一切都发源于天,天也会给万物分配相应的职能,让世间的一切遵循道理,任何人如果违背了自己的本分,都无异于向世间的道理挑战,绝不会有

104

好结果。因此，在下位者要恭顺地服从在上位者。与此同时，上天也会观察由自己产生的人类世界，从芸芸众生中挑出合适的人选令其监督指导大众。被上天选中的人原本以"王"为号，在秦始皇之后又被称为"皇帝"，两者统称为"帝王"。上天选任帝王的事件被称作"降下天命"，上天与帝王之间的关系也被比作亲子关系，帝王因此有"天子"之名。

"天"是任命王者的神明，在中国古代被称为"上帝"或"昊天上帝"。经过演变，中国人又逐渐认为"昊天上帝"不只是一个神，而是多个神祇的复合体，它们的总称即为"天"。

这里值得注意的是，"天"的概念虽存在于天空之中，却不是天空本身。从地上普通人的角度来看，天空是"面"，而"天"是"点"。那么，"天"到底存在于天空中的什么地方呢？接下来的论述虽只是个人推测，笔者还是在此加以阐明。

试想上天向王者降下天命的情景。天命会是斜着注入王者的吗？一定不是这样的！天命应当是从王者头顶的正上方垂直降临的。由此看来，天命所归的天皇的住处，也就是都城的正上方就是降下天命的"天"之所在。后来"天下"一词的意义由都城扩展为以京城为中心的畿内地区，这种变化的关键就在于对范围的理解不同，前者将

"天"正下方王者（天皇）所在的住处狭义地理解为都城，而后者将其广义地理解为畿内的"畿"（所谓"畿"在中国的礼制中指的就是王者在都城周围的直辖领地）。

白河院本人别说热衷儒学，甚至在史料中都没有留下多少学习儒学的记录，"天下即京都"这一想法也不是白河院本人提出的。不过，在白河院施行院政期间，有一位流芳后世的儒学大家——大江匡房。

大江匡房是白河院的近臣，曾留下了仪式指导书《江家次第》，故事集《续本朝往生传》《本朝神仙传》《江谈抄》，汉文散文集《江都督纳言愿文集》，以及和歌集《江帅集》等诸多著作和言论，他写作的不少汉诗与汉文文章也收录于《本朝续文粹》《朝野群载》《本朝无题诗》等书中。不仅如此，大江匡房在传说中还曾向源义家传授兵法，告诉他"雁群乱飞之时，其下必有伏兵"，让源义家在后三年合战中成功脱险（《奥州后三年记》），可见此人的学识之广博、阅历之深厚。

直到后来信西（后白河天皇的亲信，见本书第五章）登场以前，大江匡房都是院政时代的头号儒学者。既然这位学者在白河院身边担任近臣，他就很有可能曾向白河殿提出过一些儒家的理论，使得"京都"这一新都市与"天下"这一概念直接挂钩。

106

第三章　成为武士代表的平氏

——融入京都与院政体制的
新锐势力的虚构与真实

平正盛的登场与崛起：
塑造"京都"的关键武士

　　白河院政体制为自身创造了新的容器——"京都"，也因此改变了首都的社会面貌。与此同时，一个此前一直藏身于历史幕后的家族开始登上京都的舞台，以英雄之姿成为新的主人公，这个家族就是平氏（在平氏当中，以平清盛为中心的家族被狭义地称为"平家"）。如果没有白河院政，平家便不会出人头地，平清盛的权势也是平家与白河院政之间的（字面意义上的）一体化进程达到极致之后催生的结果。可以说，平家的荣华富贵是白河院政的直接产物。

平清盛的祖父平正盛是曾与平将门交战的武士平贞盛的玄孙。平贞盛在承平、天庆之乱中虽未有突出表现，却派出了许多子孙为藤原摄关家充任打手与敛财者，最终获得当权者的信任，历任多个令制国的受领，为家族积攒了大量财富。平忠常之乱爆发时，朝廷起初曾动用平氏的力量进行讨伐，但动乱最终被源氏平息，源氏就此凭消灭朝廷公敌的赫赫战功登上武士阶层的顶点，走上了一条与平氏不同的道路。

作为武士，平正盛的名声不如源氏一族，但他的手中掌握着在新时代生存发展的撒手锏，这是源氏始终未能企及的。这个撒手锏就是在院政体制下的适应能力，即赢得白河院的宠信。

平正盛凭借白河院莫大的宠信取得了平家嫡流的地位，还先后担任了隐岐、若狭、因幡、但马、丹后、备前等令制国的受领，其中曾连任若狭守。在受领任上，平正盛积累了大量财富，并将其中相当一部分献给了白河院。比如在永久三年（1115），平正盛就完全承担了白河院的新住地白河泉殿的建设工作及相应费用（见页边码第83页）。 109

在约二十年前的嘉保三年（1096），白河院最宠爱的女儿郁芳门院（媞子内亲王）① 在 21 岁时早逝，白河院悲痛不已，削发出家，并将其与郁芳门院一起生活过的六条院作为祈祷郁芳门院冥福的场所。从永长二年（1097）直到次年承德二年（1098），平正盛先后将伊贺国山田村、鞆田村两处田园献给白河院，为祈祷提供资金（《东南院文书》《东大寺文书》）。平正盛在献上庄园时担任隐岐守一职，可见此时的他已得到了白河院的提携，如果事先没有较为紧密的关系，想必他也不会在这样的时机献上领地。

平正盛周到的考虑令白河院印象深刻。承德二年正月，朝廷评定了平正盛在隐岐守任上的表现，立即让他转任若狭守，在四年后的康和四年（1102）七月又允许他留任若狭守（《中右记》）。史料记载，平正盛在五年后的嘉承二年（1107）正担任因幡守，可见他应当是在完成第二次若狭守任期（四年）之后立刻调任因幡守的。当时的官职竞争十分激烈，平正盛的任官经历却毫无断档，一次又一次地出任受领，仿佛再现了平贞盛子辈和孙辈的盛况，一跃成为平氏一族中的主流。

110　　值得注意的是，没有迹象表明平正盛在这一时期离开

---

① 应德三年（1086），白河天皇退位，将皇位让与其子堀河天皇（时年 8 岁）。堀河天皇即位之时，其生母已经去世，于是宽治元年（1087），白河院立最宠爱的女儿媞子内亲王（堀河天皇的同母姐姐）为堀河天皇的"准母"，宽治五年又册封媞子内亲王为堀河天皇的中宫（但无婚姻之实），号郁芳门院。

过京都。他把受领的工作全部交给"目代"（代理人），自己始终留在京都服侍白河院；他作为受领从地方上攫取的利益，大多也被用来填补在京都服侍白河院的开销。

嘉承三年（1108）正月，担任因幡守的平正盛被白河院任命为"院之北面"（《中右记》）。"院之北面"是白河院设置的院近臣之职，其中的武士被称为"北面武士"，作为直属于院的可靠武装力量深受重用。从前的泷口武士主要负责守护天皇所在的内里，是不踏出内里一步、始终镇守平安京中枢地带的武士。与此相对，院政体制下的北面武士不必受到平安京的束缚。他们的工作是常驻于院御所的"北面"（御所北侧），而院御所即便不在平安京内，也是"京都"的权力核心。平正盛等北面武士因此作为守护京都中枢要地（院御所）的卫士，成为京都的一个组成部分。

不过，平正盛在京都登上人生顶峰之前，必须先暂时离开京都，以陷入低谷的源氏为垫脚石进行下一次飞跃。这便是嘉承二年到嘉承三年间的讨伐源义亲一事。

源义家的替代者源义纲

源氏的低迷始于后三年合战的失败。如前所述，源义家在激战之后虽然平定了陆奥，却被认定为肆意屠杀之 111

人，遭到朝廷忌惮，本应作为左兵卫尉维护京城治安的弟弟源义光也因擅自驰援陆奥而犯有渎职之过。这样一来，源氏落下了一个轻视朝廷法度、缺乏纪律性的名声，只有其中一个较有实力的人未受影响，可以为京都所用，那就是源义家的弟弟、源义光的兄长源义纲。因为源义家和源义光都抛弃了在京都维持治安的职责，源义纲自然成为这两兄弟的替代品，为京都承担必要的治安工作。

应德三年（1086）九月，关白藤原师实就是否应任命源义纲为出羽守以平息"陆奥兵乱"一事召集朝臣举行商议（《后二条师通记》），此时正逢后三年合战进入后半段。这年冬天，源义家围攻清原家衡所在的沼栅①，蒙受了惨重的伤亡，这一会议可能是在朝廷得到前线急报之后才召开的。当年十一月，藤原师实召见源义纲，向他询问了这场因源义家本人的失误而陷入胶着的"义家合战"的原委（《后二条师通记》）。

不过，朝廷最终没有派源义纲离开京都，这是因为朝廷最终将奥州的战事认定为"义家自己的战争"，决定不出面干预。但从得到关白亲自召见询问这一点上看，朝廷

---

① "栅"即城栅，是日本朝廷在征服、绥靖东北方虾夷部族时设置的军政设施，兼具要塞与行政官署功能。前九年之役的安倍氏与后三年之役的清原氏大多以陆奥北方的城栅为据点与源赖义、源义家抗衡，其中清原家衡一度击败源义家的沼栅位于今秋田县横手市。

对源义纲仍有很深的信任。对朝廷而言，源义纲可谓套在
桀骜不驯的源氏身上的最后一根缰绳。

　　白河院决定让源义纲取代源义家，负责京都的安保工 112
作。这样一来，源义家便被排除在了京都的工作之外，但
源义家在战后仍然回到了京都，继续作为武士发展势力。
因此，源义纲和源义家之间的冲突在所难免。

源义家与源义纲冲突：
京都险些化为战场

　　很快，一场决定性的冲突就在京都爆发。后三年合战
结束四年后的宽治五年（1091）六月，源义家和源义纲
的矛盾差点在京都爆发，其导火索似乎是源义家和源义纲
两人的仆从围绕河内国的领地主权发生的争端。正如现代
黑社会一样，下层人员之间的冲突一旦将大佬卷入便会引
起帮派大战，武士仆从们的争斗如果将主公卷入其中，就
会成为主公和主公间的对决。无论在现代黑社会还是在当
时的武士团体当中，下属人员受到的不公正对待都是对大
佬（主公）本人的侮辱，以名誉为立身之本的大佬（主
公）不会善罢甘休。

　　值得注意的是，此时拥有实力的武士大多留在京都，
以遥控指挥的方式派部下到地方上管治领地。在这样的模

式之下，地方上的矛盾很快便传导到京都，最终在京都爆发，引起冲突，这一点是不见于平安京、仅属于京都的特质。事实上，15世纪的室町幕府也是相同的构造。无论是应仁之乱之前的种种政治斗争还是应仁之乱本身，都是起源于地方的冲突逐渐向中央集中之后，在京都爆发的结果。京都总是自下而上地吸收来自地方社会的矛盾并导致其一味激化，最终如催化剂一般把这些矛盾演变成当事各方背后大靠山之间的激烈斗争。

随着义家的仆从部下不断前来集结，京都的气氛日趋紧张。关白藤原师实连忙召集高官举行会议，试图控制事态发展，并向当事人询问纠纷情节。源义家答道："某位检非违使告诉我'源义纲来袭，战斗即将爆发'，我方于是只能加强防备，因为我的部下分散于各地，才紧急将他们召来京都。"源义纲一方的说法则由另一位检非违使转述给了藤原师实："我方只是听说'源义家来袭'才加强了防备而已。我方毫无主动袭击之意。"可见此时就连检非违使内部也分成了义家和义纲两派，分别为双方提供有利的说辞。

在武士的时代，有不少战争都是在类似的过程中爆发的。互相猜疑的双方本就对彼此抱有过度的戒备心，一旦在世间舆论或身边人的煽动下产生过分的危机感，认为自己"必须先下手为强"，武力冲突便会爆发。源义家、源

113

义纲兄弟之争过去半个世纪以后的保元之乱（见页边码第 191 页）和一个世纪以后的法住寺合战（木曾义仲突袭后白河法皇御所）都是这样的。即便足以决定全国形势所向的大决战也可能全因互相猜疑而起，与当事者原本的意图无关，这种事情在武士的时代并不罕见，在我们现代人思考战争时，这些历史事实无疑具有深远的教育意义。

114

书归正传。藤原师实将源义家、源义纲双方的主张禀告白河院，请求他给出裁决，可见此时关白的地位已逐渐萎缩，沦为替院的最终决定做先期准备的角色。白河院下令"双方立刻撤兵，然后再来计较公道"，并要求诸国国司"阻止源义家的部下上京"。接下来的命令虽未见载于藤原师实之子藤原师通的日记《后二条师通记》，但据镰仓时代基于时人日记编写的历史著作《百炼抄》所说，白河院还曾要求"诸国百姓禁止擅自将自家田地与公验〔土地所有权的证明书〕献给源义家"。这是因为源义家攫取庄园领地的行动与源义纲的利权相抵，所以白河院直接出手排除了问题的症结，禁止了向源义家奉献庄园的行为。

作用如"核威慑"一般的源义家

有趣的是，源义家虽然失去了朝廷的信任，各令制国中希望将他奉为庄园领主的人仍络绎不绝。为了换取权门①势力的保护，当时的人们牺牲一部分收益，将田地献给权贵，使其成为庄园。人们"擅自"将田地献给源义家，也就意味着人们认定他是最有实力、最为可靠的权门。源义家的部下应当就是为了管理这些由日本各地的地主献上的庄园，才被派出京都分散于全国各地的。

和完全顺从于体制的源义纲相比，不愿受体制拘束的源义家受到了更多的欢迎，这应当是因为时人认为源义家的实力具有压倒性的优势。源义家从少年时代起便在前九年合战中表现出色，在京中留下了勇猛如神的美名（《陆奥话记》）；与此相对，同样曾从军出征陆奥的源义纲并没有留下任何一则类似的传说。此外，源义家也在后三年合战中取得胜利，虽然其战斗的正当性存在问题，各令制国的地主们并不重视这一点：在他们看来，源义家最大的价值在于战无不胜的威慑力，只要有这位人人胆寒的强大武将保护，自己的土地就能高枕无忧。虽然源义家应该不

---

① 即日本平安时代后期到中世庄园体制中地位最高的权势集团，包括皇室成员（如上皇、法皇和领有"院号"且待遇同上皇的皇太后、内亲王）、大寺院、大神社以及顶级贵族（藤原摄关家等）。日本庄园制中的"庄园领主"并非庄园的实际开发与管理者，而是庄园所有体系中地位最高者，平安中后期的日本地方社会时常与构成"权门"的中央贵族和宗教势力密切联系，通过献上土地作为庄园（日文作"寄进"）换取庇护。

会为了散落各地的一两片土地亲自插手纷争，但他只要借
"义家出马战无不胜"的威势震慑别人，地主的需求就能
得到充分的满足。

　　源义家生前留下了不少类似的传说。某天夜里，曾有
数十名强盗偷袭一户人家，但源义家此时正与这户人家中
的女子相好，在夜里前来幽会。结果，强盗们听见源义家
的声音，惊呼"八幡殿下〔指源义家的别名八幡太郎〕
在里面，还是别自讨没趣了"，于是仓皇逃走（《古今著
闻集·武勇》）。还有一次，源义家在左大臣源俊房家下
围棋时，一名逃犯突然闯入，源义家的随从说"我家八
幡殿下在场，你就不要逃了"，逃犯便当场弃刀投降。白　　116
河法皇在睡梦中被妖物侵扰时，也曾将源义家的弓置于枕
边，终于成功驱邪（《古事谈·勇士》）。这些传说故事都
是基于"源义家（即便遇到妖怪也）战无不胜"的观念
而创作出来的。源义家如核武器一般威慑着一切企图侵犯
之敌，他的存在本身就能遏制京都的犯罪。这种超乎常人
的震慑力显然是源义纲所没有的。

源义家一族的没落：
源义亲之乱与家主争夺战

　　源义家虽然威震京都，其势力却因亲人在地方上的表

现而逐渐衰落。康和三年（1101），源义家的次子对马守源义亲多次入侵九州岛，犯下不轨行为，让源义家背负了叛贼之父的污名。而在第二年二月，源义家为平息事态派往九州的手下首藤资通（亦作"资道"）也因故杀害了同行的朝廷使节，倒戈源义亲一方（《殿历》）。这一事变令源义家的名声万劫不复，至于他为何没有事先做好准备已无从知晓。无论如何，源义家经此一事，落下了一个"既管不好儿子也管不好家臣"的无能家主形象。

接下来，在嘉承元年（1106）六月，朝廷对源义亲之乱尚且一筹莫展之际，源义家的另一个儿子源义国也惹出了事端。源义国是后来足利氏、新田氏两家的祖先，他在常陆国与叔父源义光多次交战。朝廷向源义家追究责任，命他将义国召回京都（《永昌记》）。就这样，源义家的名声再次滑坡，成了"既管不好儿子也管不好弟弟"的无能家长。一个月后，源义家来不及挽回自己的名誉便去世了（《中右记》）。

在源义家生前，源氏内部便已乱象丛生；在他去世以后，围绕源氏主导权的斗争更是错综复杂。源义家的长子源义宗此时已经去世（《尊卑分脉》），次子源义亲和四子源义国正在被朝廷通缉，五子源义时与六子源义隆年纪太小，没有继承资格，一门当中只有三子源义忠能继承家业。

源义忠曾担任过检非违使，可见在朝廷内部的评价不错。但在源义家去世三年后的天仁二年（1109）二月，源义忠突然在京都被人杀害，据传是被自己的部下"用刀砍伤"所致（《百炼抄》）。就这样，京都逐渐演变为源氏一族内讧厮杀的舞台。

在京都居民看来，杀害源义忠一案的凶手显然是源义忠的叔父源义纲、源义光两兄弟。他们认为，这两兄弟一定认为自己拥有丰富的经验，比稚嫩的源义忠更能胜任源义家的继承者，因此有杀害源义忠的动机。

在当时，曾与源义家有过冲突的源义纲被京都人视为头号嫌疑人，于是白河院命检非违使源重时突击搜查了源义纲在京都的住所。据记载，源义纲的三子源义明坚决抵抗执法，被检非违使所杀（《百炼抄》《殿历》）。由此可见，草菅人命的武士之风从一开始就在白河院一手打造的京都这座城市里留下了深刻的印记。

118

源义纲最终被证明无罪（《尊卑分脉》），这一点从源义明激烈的抵抗中也可见一二。即便如此，源义纲还是被源义明之死激怒，抛弃在京都的住所向东逃走。当时的史料认为源义纲打算逃往源家自祖先以来影响力较大的坂东地区，据说次日其逃走的行迹"有如谋反"（《殿历》），可见源义纲一旦被贴上了杀人犯的标签，无论做什么都会被当成犯罪（或犯罪的前期准备）。第二天，源义纲在近江出家的消息传入京都，摄政藤原忠实派检非违使到近江探明实情。五天后，源义亲之子源为义查出了源义纲的所在地，源义纲在六天后被判流放佐渡国（《殿历》）。

源义纲出家的寺院据说位于甲贺郡。甲贺郡在近江国的深山之中，与伊贺国接壤，源义纲来到这里出家是为了表明抛弃一切、彻底隐居的意向，既是对让自己背负的冤屈的社会的抗议，也明确表示了自己不愿与朝廷为敌。

被源为义发现时，源义纲想必没有抵抗，否则他便不会被判流放，而是像在京都抵抗检非违使执法的源义明一样被当场击杀。没有证据表明源义纲就是杀害源义忠的凶手，但他仍被判处流放，这很可能是因为他违反了"五位以上未经批准不许离开京畿"的条例（见《大而无当的平安京》第 51 页）。

119

不过，如果源义纲背负了不实指控，谁又是杀害源义忠的真凶呢？有说法认为，杀害源义忠的人就是源义纲的弟弟源义光。成书于南北朝时代的贵族世系集《尊卑分脉》记载，杀害源义忠的凶手名为鹿岛三郎，他在对源义忠"含恨"的源义光的唆使下犯下了这桩罪行。源义光和源义纲有着一样的作案动机，从他无视法规两度参与战争的表现来看他也是个血气方刚之人，与循规蹈矩的义纲不同，总是轻率地诉诸暴力。因此很难否定这一指控的可能性。

无论如何，源义光最终未能成为源氏一族的领袖。他在东方的常陆国、甲斐国留下了佐竹氏和武田氏两系后代，可能到死都居住在东国。他严重缺乏在京都争取白河院青睐的机会，也没有做出足够的努力，无法成为源义家的继承者。

另外，源义纲的政治生命也到此为止。进入中世以后，没有一个武士家族自称为源义纲之后，表明他的男系血脉可能彻底断绝了。

源义家的儿子们当中也没有一个人能继承他的地位，源氏领袖之位最终只能传给源义亲的儿子（源义家的孙子）源为义。但和义家时代不同，源为义继承家业时，源氏领袖已失去了"武士长者〔顶点〕"（《中右记》天仁元年正月二十九日条）的地位。源氏的实力因惨烈的内讧而大受打击，社会威信也一落千丈，在较有实力的武士家族中不再一家独大。

"不中用的平氏"与"中用的源氏"逆转

源氏的衰落让平家迎来了崛起的好机会。源义忠被杀一年前的嘉承三年（1108）春天，平正盛成功消灭了源义亲，凯旋入京。 120

康和三年（1101），时任对马守的源义亲多次渡海袭扰北九州沿岸，不但无视其父义家的制止，还在次年勾结父亲的部下杀害了朝廷使者。虽然朝廷在使者遇害的当年年底判处源义亲流放隐岐（《殿历》《中右记》），但源义亲仍未屈服，一说是从隐岐出逃，来到日本海对岸的出云国境内，一说从一开始便没有到隐岐服刑。嘉承三年正月，源义亲又进犯出云，杀害该国目代（国司的代理人）、掠夺赋税，犯下了耸人听闻的暴行（《中右记》《古事谈·勇士》）。

源义亲之乱持续数年，朝廷不堪其苦，但也束手无策，其中最大的问题在于源义家之子源义忠没有平定这场叛乱的能力。连大名鼎鼎的源义家也无法驾驭源义纲、源义光和源义国，源义忠更没有可能让他们服从自己。

因为源氏不可能在源义忠的领导下团结起来，讨伐源义亲便没有可能成功。不过，最大的问题还是在于伦理。当时日本的伦理观以儒家的"礼"思想为本，对家族关系有着严格的规定，家中长辈的地位必然高于晚辈，晚辈因此必须敬事长辈（见页边码第 104 页），正所谓"父必尊于子，兄必尊于弟"。因为有这样的伦理束缚，朝廷恐怕无法命令源义亲的弟弟义忠和儿子为义讨伐自己的兄长和父亲。

如果日本最强的源氏武士团无法平定源义亲之乱，还有谁能承担此任呢？虽然平氏是当时的第二备选方案，但这一家族毕竟还没有像从前的源氏那样留下过可靠的表现。

到此时为止，平氏武士团始终未能像源氏一样在实战中积累战绩。平氏从未在平叛战斗中充当主力，反而孕育了席卷坂东的平将门、肆虐房总半岛的平忠常和在出羽国造反的平师妙等叛贼。将门之乱时，平贞盛拼尽全力也无法与平将门抗衡，在藤原秀乡的帮助下才得以平定叛乱；平忠常之乱时，被朝廷选派为追讨使的平直方也因久战无功而被罢免，最终由源赖信出马解决了问题。就这样，平氏给人留下了"强者总是造反，弱者恭顺而不中用"的负面印象。与此同时，平氏的家族规模虽不断膨胀，却一直没有一个人能成为领袖将族人聚拢到一起，自平忠常之乱以来更是没有培育出一个显要人物。不过，在这个家族中有一个人得到了白河院的信任，成了唯一一颗有希望的新星，那就是平正盛。在源义亲杀害出云国目代之后，白河院毫不犹豫地起用了平正盛作为追讨使，命他前去平定叛乱。

122

平正盛于六波罗筑佛堂，
与佛教之城白河相连

在京都诞生的过程中，平正盛一家发挥了重要作用，他开发了鸭川以东的六波罗地区，把当地建设成平家的根据地，也因此扩大了京都的范围。平家开发六波罗的契机源于平正盛对于开发白河地区的巨大贡献，尤其是永久二年（1114）八月，白河院想要在"国王之氏寺"法胜寺内建造一座新的阿弥陀堂〔也称"新阿弥陀堂"、莲华藏院，位于白河南殿（泉殿）西侧，但属于法胜寺〕时，平正盛主动将其建好并献给了白河院（《中右记》永久二年八月二日条、《殿历》永久二年三月二十九日条）。

因修建法胜寺而兴起的白河地区大体上是一座寺院之城，这里虽然有院御所，但在规模上不及几乎搬空了半个朝廷的鸟羽殿那样浩大。平正盛虽然殷勤地在白河一带建造寺院、佛堂与佛塔献给白河院，自己却并不住在那里。

相反，平正盛在毗邻白河的地方为自己开辟了一处新的居住区，那就是位于鸭川以东、白河以南，地处六条大路东延道末端的六波罗地区。六波罗紧邻平安京郊外的传统墓葬地鸟边野，人们为避开死者之"秽"都不在那里定居，但平正盛身为武士，本就以杀生见血为业，对此不以为意。在为法胜寺建造新阿弥陀堂两年前的天永三年（1112），平正盛便从当地的珍皇寺手中购买了两处旱田（《东寺百合文书》第五十函）。在平安时代前期由空也①创建的六波罗蜜寺附近，平家开始设立自己的据点，六波罗一带也快速走上了都市化的轨道。

一年后的永久元年（1113），平正盛在六波罗建成了一座名为"六波罗堂"的佛堂，白河院似乎对此颇感兴

---

① 空也（903—972），平安时代僧人，被后世奉为日本口称念佛（通过反复诵"南无阿弥陀佛"佛号积攒功德）之祖，今京都六波罗蜜寺内藏有镰仓时代制作的空也上人像。

趣，在当年二月和闰三月两度为避方角（基于阴阳道的计算，为躲避可能会带来厄运的方位，暂时移住别处）到此小住（《殿历》）。就这样，通过在白河近郊设置根据地，平正盛向白河院表达了自己毫无保留的忠诚。

约半年之后的永久元年十月，白河院的宠妃祇园女御在平正盛的六波罗堂举行了《一切经》[①] 供养仪式（《殿历》《长秋记》）。《一切经》指的是收录了"一切"佛教经书的经典集，由中国宋朝人雕版刊印多部，在东亚各国流通。这里的《一切经》供养应指祇园女御在得到一部《一切经》之后举行的纪念法会。六年后的元永二年（1119）八月，平正盛自己也在六波罗堂举行了《一切经》供养（《中右记》），表明当时可能正流行这种活动。祇园女御选择在平正盛的六波罗堂举行如此重要的佛教仪式值得我们注意，因为据《平家物语》所传，祇园女御就是平清盛的生母。

平家与白河院政结合的极致：
"平清盛为白河院私生子"传说

虽然有一些说法认为平清盛的生母应为祇园女御的妹　124

---

① 即《大藏经》。

妹或侍奉祇园女御的女官，但这些区别并不重要。《平家物语》的叙述中最为重要的一点在于，无论生母是谁，平清盛的亲生父亲都是白河院。据说白河院将身边怀有自己骨肉的女性赐给了平正盛的长子平忠盛，吩咐他"若生而为女，我便当作自己的女儿抚养长大；若生而为男，就当成你的长子养大"。结果此女产下了儿子，这便是后来的平清盛。

虽然无法确证私生子传说是否属实，但当时的朝廷内部确实有人相信此事为真。他们的依据是平清盛异常的任官履历。永历元年（1160）平清盛担任参议，成为首位晋升为公卿①的武士。不仅如此，更令人吃惊的是，在那之后他又飞速地接连升任权中纳言、权大纳言等职，在六年后就任内大臣②，一年后又担任了太政大臣，位极人臣。

平清盛的父亲生前只升至四位，受赐内升殿（能够出入天皇居住的内里清凉殿中的"殿上之间"的资格）之权，官拜刑部卿（此时已无实际职权），即便如此仍受

---

① 指位阶在三位及以上的高级廷臣，一般只能由藤原摄关家等特定家族出身者担任。参议一职本为《养老令》中未做具体规定的令外官，有参加太政官公卿决策会议的资格。

② 令外官之一，地位在左右大臣与大纳言之间，在左右大臣缺席时有权代理其职务，平时主要起名誉作用。下文之"太政大臣"名为百官之首，但因缺乏具体职权，在平清盛的时代只具象征意义。

到了强烈的非议（下文详述）。在那之后仅过了一代，平清盛便就任太政大臣，位极人臣。这样的履历在时人看来已非"破格"所能形容，简直无法理解。时人相信，平清盛以如此的出身和经历爬到如此高位靠的肯定不只是功绩和个人努力，只有血统上的特殊性才能解释。笔者作为研究日本中世朝廷史的学者，可以下此断言。而关于让平清盛位极人臣的高贵血统，只有"白河院的私生子"一说可作解释了。

125

　　不过，值得重申的是，我们如今已无法确定"白河院私生子"传说是否属实。笔者在此想要提出的论点只有一个，就是当时的人确实相信这一传说属实。本书第六章将详细解释这一传说，也将提供具体的证据。

　　私生子传说大概是平正盛和平忠盛父子的战略。他们一门心思地沿"紧跟白河院政，快速扩张势力"的路线前行，这一思路的极致，便是把白河院和平正盛一家的血统融合起来。只要让平家的下一代家主继承白河院的血统，就能让平家的整体地位一跃至最上层，让继承了自己血脉的其他平家成员也能获得破格升迁的机会，平正盛、平忠盛父子的盘算或许正在于此。事实上，平清盛在升任从一位太政大臣之后，他的弟弟们也无一例外地升任公卿，平清盛的儿孙们也接连担任了朝廷要职。

　　平家之所以能像这样快速崛起，靠的无疑是白河院、怀有白河院之子的女性（祇园女御或她身边的其他女性）和将该女性迎为嫡子平忠盛之妻的平正盛三人之间密切的关系。在永久元年（1113），这三个人都曾出现在平正盛的六波罗堂。可以说，平家的全盛是白河院政的进一步延续，也是白河院对平正盛殷勤效忠的最大回报。

126　　在八年前的长治二年（1105）十月，祇园女御曾在祇园神社（今京都八坂神社）以南修建了一座佛堂。史料记载，这座佛堂极为奢华，"天下之美丽过差，惊人耳目"（《中右记》），祇园女御便由此得名。祇园神社位于四条大路东延线末端，她在该神社南面建造的佛堂应当在平正盛的六波罗堂以北不远。白河院、祇园女御和平正盛三人的据点（白河、祇园、六波罗）自北向南彼此相接，这些掌权者之间密切的私人关系就这样体现在了地理空间上。此外，祇园女御和平正盛没有将自己的佛堂建在白河以北，而是建在白河以南，应当也反映了《周礼》中"君南面臣北面"的思想。

平忠盛的第一代"三十三间堂"与"殿上夜袭"

大治四年（1129）闰七月，祇园女御在白河的新阿弥陀堂（平正盛献给白河院的法胜寺新阿弥陀堂）为白河院举行了故后四十九日供养法事。在祇园女御哀悼白河院时，平正盛也在场。而在同一天，曾侍奉白河院的北面武士受命"即日起侍奉鸟羽院①与待贤门院〔鸟羽院的皇后〕"，这些北面武士中为首的便是平忠盛（《中右记》）。可以说，这场在新阿弥陀堂举行的法事象征着白河院与平正盛之间的"蜜月关系"在鸟羽院和平忠盛之间得到了继承。

127

　　平忠盛没有辜负这一期望。他倾尽父亲和自己在受领任上积攒的财富，在白河院去世三年后的天承二年（1132）三月于白河南殿东侧建造了一座惊人的佛堂，其名为"得长寿院"，也称作"千体观音堂"（《中右记》），是一座将一千尊观音菩萨像供奉在内的巨大建筑。

　　说到"千体观音菩萨像"的景象，我们今天也能在京都鸭川东岸、七条通以南的三十三间堂（莲华王院）看到。那里是日本学校组织修学旅行时的常去景点，想必不少读者都曾参观过。这座佛堂面阔三十三间（三十三间是供奉佛像的内阵部分的宽度，建筑总宽度三十五间，约118米），规模与形状皆史无前例，极具个性。

　　不过，这间莲华王院三十三间堂的样式有其原型，那

①　即鸟羽天皇（1107—1123年在位），让位之后为鸟羽上皇，康治元年（1142）出家后号鸟羽法皇。

就是平忠盛建造的得长寿院。与莲华王院一样，得长寿院也供奉了一千尊观音像，根据史料对于落成庆典的记载，这间佛堂也是"三十三间御堂，一千一体观音"（《帝王编年记》），可见其样貌已是一座"三十三间堂"。

得长寿院的建造目的顾名思义，是为了求得长寿，其祈愿对象无疑是平忠盛侍奉的鸟羽院及其家族。此外，得长寿院也准备了鸟羽院一家享尽天寿之后的救度之法。那一千尊观音菩萨像应当都是千手观音，修建这一佛堂的用意即用一千尊千手观音的一百万只手将鸟羽院等人导上通往极乐净土之路。此时的权贵阶层中间流行着一种"多数作善"（相信只要大量重复同一桩善事，就更有可能往生极乐）的信仰（美川圭，2003），例如念佛百万遍、参拜寺院一百次等，而在三十三间堂内安置一千尊千手观音像无疑是这种思想的极致体现。

得长寿院三十三间堂原本与莲华王院一样坐东朝西（面朝极乐净土），但在建成十七年后的久安五年（1149）五月，出现了"颇倾西方"的问题（《本朝世纪》）。这座史无前例的建筑似乎对当时的工程技术提出了不小的挑战。虽然工匠针对问题进行了一些表面上的修补，但在元历二年（1185）七月九日，日本中世最严重的大地震袭击京都，得长寿院未能挺过劫难，彻底倒塌（《吉记》）。

平忠盛凭着为鸟羽院建造得长寿院三十三间堂的功绩

连任了备前守一职，随后获准内升殿，跻身"殿上人"行列（《中右记》）。殿上人的身份基本仅限于天皇外戚一族、藤原摄关家子弟、天皇本人的导师及拥有一技之长的能手等天皇私下最为信赖的人，是一项极高的荣誉，就连毕生追求白河院宠信的平正盛也没能获得。然而，平忠盛在三十七岁那年便成为殿上人，超越了其父的成就（《平家物语》长门本）。

院近臣无论多么受到院的宠爱，私下里也总会被贬低为"出身低下之辈"，更何况武士的出身比宫廷贵族逊色很多，工作内容又以"杀人"为主，因此受到了特别严重的轻视。即便像源义家这样堪称"栋梁"（或最强之人）的武士也要费尽心思才能被任命为受领。平正盛在讨伐了源义亲后被任命为但马守，却被藤原宗忠批评为"最下品〔出身底层〕者"，不配成为国司（见页边码第133页）。平家之人即便担任受领也有僭越之嫌，原本是完全没有机会成为殿上人的。

因此，根据《平家物语》所传，贵族们以自己的出身为傲，不能容忍平忠盛获准内升殿，便开始联起手来针对他。每年的十一月，朝廷会举行一场名为丰明节会的活动，这是在庆祝新谷收获的新尝祭之后举办的宴会。在这一天里，其他殿上人打算借此机会"夜袭"平忠盛。所谓"夜袭"指的是趁夜用棍棒殴打平忠盛，然后集体嘲

129

笑他狼狈逃窜的模样（毕竟天皇的居所内不能发生杀人和流血事件）。

不过，平忠盛事先已然得知这一情况，于是携一柄短刀来到清凉殿殿上之间，不时在灯火前拔刀出鞘，威慑旁人。主谋者们见状放弃了夜袭，转而向崇德天皇指控平忠盛"擅自带刀进入殿上之间，犯下重罪"，要求免除其殿上人身份。天皇就此事质问之后才得知，原来忠盛只是带了一把包裹白纸的木刀伪装成真刀而已。天皇因此评价"为防患于未然而带刀，还预料到日后会遭人控诉，于是用木刀精心伪装，这真是弓矢之士〔武士〕应有的谋略"，言语中反而有褒奖之意。

平家的处世之道与分寸感：
兼备顺从、坚决、谨慎、智慧

小心遵守既存的秩序、不轻易破坏规则，正是平家赖以超越源氏的处世之道。

自上述时代过去约三十年之后，当时在位的二条天皇寻求亲政，与希望推行院政的父亲后白河院发生了对立。当时，包括平清盛在内的大多数人都认为"由后白河院施行院政更为合适"，但平清盛并未表明这一态度，依旧侍奉于二条天皇身边。《愚管抄》中有一段著名的文字描

述了这一时期平清盛的处世哲学："清盛行事慎重，好恶
不形于色，可谓八面玲珑。"

参考《愚管抄》的语境以及平清盛的实际做法，此
处的"八面玲珑"一词指的并不是四处讨好，而是在充
分地观察了形势之后再做出自己的决定。平清盛不与任何
势力敌对，也不与任何势力过分接近，始终杜绝结党，言
行恪守中立。就这样，他既保持了自己的独立性，又统领
着武士这一对朝廷而言不可或缺的势力，被视为朝廷的股
肱之臣。这种杰出的政治分寸感正是平清盛的撒手锏，也
是从其父平忠盛时代流传下来的平家家风，这些都在
《平家物语》中有所表现。

平忠盛擅长和歌，不但留有一部私家歌集《忠盛
集》，还有多首作品被《千载和歌集》等敕撰集①收录。
《忠盛集》中收录了两首回忆自己侍奉白河院之往事的和
歌（日本大学所藏本，第 141 首及第 190 首）。其中一首
和歌是平忠盛在结束备前守任期、返回京都后，因多次被
白河院问起"回京路上作了怎样的和歌"而作的，可见
白河院对他创作和歌一事很是欣赏。大治四年（1129）
七月七日，为哀悼在七夕当天去世的白河院，平忠盛还曾

① 即应天皇或院（《千载和歌集》即由后白河院授意编成）之命由擅
长和歌的廷臣编纂的官方和歌集，与私人编纂的私家集相对。

留下"与每年一度能够相见的牛郎织女不同，我与陛下已无缘再会"的哀歌。平忠盛生为武士，却积极响应宫廷社会的喜好，努力培养文学素养，这种态度也是他能在白河、鸟羽院政下出人头地的原因之一。

"平正盛讨伐源义亲"的大戏于京都开幕

在登上历史舞台之初，平正盛并未取得任何功劳。如果提拔这样一个没有实际功劳的人，一定会遭到舆论的抵触。为解决这一问题，白河院决定用表演的方式为平正盛塑造一个功勋卓著、强干可靠的形象，这场表演必须给人留下足够强烈的印象，将平氏历代的负面名声一扫而空。在白河院看来，这场表演的主要节目便是平正盛的凯旋式。

凯旋式是源氏的遗产。源赖信讨伐了平忠常，源赖义讨伐了安倍氏，源义纲讨伐了平师妙，源氏三代武士留下了大量功绩，也为这些功绩确立了凯旋式这一表现手段。凯旋式能让人们立即联想到源氏的赫赫武功，在都城居民当中引起狂热的反响。这一活动最终定型于并未亲赴前线的源义纲以凯旋将军之姿率众游行，凭借平定平师妙之乱而备受民众尊崇之时，此时正属白河院政时期。白河院为寸功未建的平正盛安排盛大的凯旋式，可以说是挪用了源氏数代以来花费大量时间、积攒大量功绩而形成的庆功典礼，从而赋予平正盛和源氏一样强大而可靠的形象。换言之，白河院通过凯旋式这一宣传媒介，达成了"捧红平氏"这一市场营销战略，此前的日本历史上还从来没有哪位君主这样做过。

受命讨伐源义亲以后，平正盛于嘉承二年（1107）十二月十九日离京前往出云国（《殿历》），在十七天后的嘉承三年（1108）正月六日抵达。在那之后又过了十三天，即正月十九日，平正盛"已击毙源义亲及其部下五人，预计二月上旬携贼人首级返京"的报告传到了京城。当天，朝廷在白河院的主持下讨论决定，效仿前九年合战的先例，立即赏赐平正盛（《中右记》）。前九年合战耗时十二年，令源赖义付出了巨大牺牲，其分量本非耗时一个月便告平定的源义亲之乱可比，但朝廷在平正盛归京之前便决定任命他为但马守，白河院强行提拔平正盛的姿态可谓十分露骨。

当时的日本由六十六个令制国和两个岛组成，这些令制国根据各自的课丁数（纳税人数）和田地面积，亦即收益能力的不同，被分成大国、上国、中国、下国四等。但马国在六十六国中位列上国，靠近畿内地区，是山阴道的要冲之地，但马守对应的位阶也高于国司平均水平，通常需要四位及以上的人担任，被称为"第一国"，即最为

133

优良的令制国。

就这样，平正盛坐上了这个兼具荣誉与利益的"第一国"国守之位。在十一年后的元永二年（1119）五月，平正盛的位阶还只是正五位下，直到第二年的保安元年（1120）五月才正式升为从四位下，越过四位的门槛（《中右记》）。由此看来，在讨伐源义亲时，平正盛的位阶也只有五位而已。

藤原宗忠在日记里表达了自己的愤怒："正盛最下品者，得任第一国，依殊宠者欤？凡不可陈左右。候院边人，天之与幸人欤？"（身份低微的平正盛当上了最高级的受领国司，应该是受了白河院的偏爱。这话虽不能讲与外人，但白河院身边的侍臣如此腾达，如有天助。）（《中右记》）这段文字充分体现了平正盛受到破格提拔时的政治气氛。

因平正盛的凯旋式而沸腾的舆论

原定于嘉承三年（1108）二月上旬回京的平正盛在正月二十九日提前凯旋，通过"鸟羽作道"进入京城。"鸟羽作道"是朱雀大路在九条大路（平安京最南端）以南的延长线，直通鸟羽（见图1），藤原宗忠在这条道路旁目睹了平正盛手下队伍的凯旋。平正盛的"下人"（下级从卒）持长矛挑着五颗首级，每一颗首级上都缀有写着死者名字的红布片。持长矛的下人两边有四五十名佩戴"打物"（太刀）、身穿甲胄的步兵随行，在那之后是骑马的平正盛和一名投降的俘虏，以及列队跟随的一百名部下。藤原宗忠记载，当时的场面极为震撼，可谓"剑戟耀目，弓马连道"。

平正盛一行沿鸟羽作道北上，在进入九条大路后转向东方，再沿鸭川北上，于七条大路东延线末端的河滩上将贼人首级交给检非违使。随后，检非违使沿七条大路向西行进，在越过朱雀大路后继续向西，随后沿西大宫大路北上来到西狱，将首级悬在"西狱门前树上"。这一切与源义纲讨伐平师妙得胜时的做法别无二致。

藤原宗忠接下来记录的个人感想意味深长："故义家朝臣年来为武士长者，多杀无罪人云云。积恶之余，遂及子孙欤。"这句话的前半段十分著名，是源义家曾长年被奉为"武士长者"（地位最高的武士）的证明。但值得注意的是，藤原宗忠在这里使用"武士长者"一词不是为了褒扬源义家，而是批评他长年身为武士长者，却也因此滥杀了诸多无辜。

藤原宗忠发出这种感叹，无疑是想到了源义家参与的后三年合战被判为私战一事。此外，源义亲作为叛贼被悬首狱门，在藤原宗忠看来也是其父源义家生前血债累累的

135

报应。换言之，这场凯旋式的作用并不只是抬高了平正盛的名声，也是在清算源氏迄今为止的行为，公开塑造了一种"源氏的功绩仔细想来都是恶行，一旦正义得到伸张就应当被时代抛弃"的反源氏舆论。

藤原宗忠在日记中记载，为围观平正盛的凯旋式，"凡京中男女盈满道路，人人如狂"。在狂热的观看者当中，白河院本人也赫然在列。当平正盛一行路过院御所所在的鸟羽殿时，白河院曾亲自检阅（《殿历》）。细想一下，山阴道在日本海沿岸，位于京都西北方，从那里凯旋的平正盛一行却沿着京城南方的鸟羽作道入京，这本身就不甚合理，显然是刻意绕了远路（山阴道与平安京七条大路的西端直接相连，见图 1）。可见，平正盛是为了让白河院能在御所看到凯旋队伍，才专门绕路从鸟羽经过的。

通过这场凯旋式成为时代宠儿的不止平正盛一人，还有一个"伊贺国住人"，他就是被朝廷召来参加相扑节会（每年七月朝廷以修习武艺为目的举行的相扑大会，有天皇亲临观看）的大力士清原重国。他曾作为平正盛的下人持矛挑起源义亲的首级游街，因此得到了"首持"的别称，闻名京城（《长秋记》天永二年八月某日条）。

白河院将凯旋式当作营销媒介，取得了巨大的成功。然而，正如过度依赖宣传手段干预舆论的市场营销战略时常会迎来失败一样，白河院也过分相信了自己的宣传战略，反而引起了世人的困惑。在当时的都城之内，"本应伏诛的源义亲依然活着"的消息不胫而走，人们曾多次因此而陷入骚乱，对于这些奇怪的事件，笔者在此不展开论述了。

定义不清的"京武者"与"军事贵族"

平正盛除了"头号武士"的头衔之外，还带有一个虚幻的头衔。对于主张"武士是京都必不可少的组成要素"的本书来说，这是不能回避的问题。白河院通过一手提拔平氏，一手控制走向衰弱的源氏，逐步将京都的大权掌握在自己手中。一些学者因此将这些源氏和平氏的武士称为"京武者"，认为他们与地方武士不同，是代表了武士阶层主流的一个独特类型，这种说法有一定影响力。所谓"京武者"是某位历史学者为描述院政时代的武士而提出的新概念，但这个词语本身可见于史料，并不是那位学者生造出来的。

那么，"京武者"指的是什么呢？其实这一概念的含义并不清楚。在文献中首次注意到"京武者"一词，并提议将其作为武士类型之一的学者给出的描述是"在此希望将院政时代的军事贵族称为'京武者'"（元木泰雄，1994：126）。笔者想重点强调里面的"希望"二字，表明这一定义只是提议者的个人期望。

"京武者"在以京都为中心的部分学者当中颇为流行，但令人头疼的是，这一概念的用法因人而异。例如，某位学者曾在自己的论文中表明自己完全遵循了"京武者"概念提出者的定义（野口实，2006：47，注释2），但还有一位研究者提出了自己的定义，"将军事贵族中以狭小的领地为根据地，以对公家政权的依附为权力基础的一类武士称作'京武者'"（长村祥知，2012：259）。因为最初的提议者并未明确将根据地规模、权力来源性质等条件列为"京武者"的评判标准，这一概念的含义开始发生嬗变，逐渐变得模糊。

138　　此外，上述诸位学者在"京武者"的定义中加入的"军事贵族"这一概念也进一步引发了混乱。"军事贵族"是学界发明的说法，其含义也因人而异。例如，最早提出"京武者"概念的那位学者认为，军事贵族指的是"在京五位以上且有官位的贵族世家中，以武艺为家传之本职，在这一领域发挥作用的清和源氏、桓武平氏两族"（元木泰雄，1994：3）。然而，那位自行改变了"京武者"前提条件的学者又将军事贵族定义为"门第、身份达到担任检非违使及以上官职的武士"（长村祥知，2012：259），舍弃了"以京城为主舞台""以武艺为家传的本职""清和源氏或桓武平氏出身"等前提，同时放宽了

"五位以上"的限制，凡是能成为检非违使的都可算作军事贵族。简而言之，两人使用"军事贵族"一词时的用意完全不同。

　　事实上，"军事贵族"这一说法过于含糊，无法严格对应某一群体。就算把"贵族"定义为位阶在五位及以上，"军事"二字应代表何种程度的武力也难以衡量。此外，著名的歌人西行法师本名佐藤（藤原）义清，是曾消灭平将门的藤原秀乡的后裔，秀乡之后的公光、公清、季清、康清（义清之父）四代皆世袭武士身份，其中藤原公清曾升至五位。但如果按照"京武者"概念提出者的定义，因为佐藤一族不属于源平二氏，就不能被算作"军事贵族"。可反过来说，将非源平二氏之人排除在"军事贵族"之外真的合适吗？

　　如上所述，"军事贵族"一词的定义过于纷乱，也不乏漏洞，不少学者不使用这一概念，认为其不够严谨。而在定义中包含了这个词语的"京武者"，显然在学术上也有粗疏之嫌。

虚幻的"京武者"不存在于
院政时代的史实和文献当中

　　就学界所知，"京武者"一词在可靠史料中仅出现过一次，这是这个概念最大的弱点。巧合的是，这个提及"京武者"的段落正好是本书第二章在论述"天下"一词为何与京都等同时援引的《中右记》天永四年四月三十日条。

笔者很久以前便发现了这一用法背后的蹊跷之处。笔者曾为写作硕士学位论文通读了古代和中世的几乎所有廷臣日记（大约直到16世纪末）的刊印版，但对"京武者"一词并无印象。如果"京武者"真的如提出者所宣称的那样，是当时武士阶层中的一个重要类型的话，这个词本应在浩繁的史料中出现得更频繁才对。

在写作本书时，笔者出于谨慎起见，再次检索了索引和全文数据库的资料，发现自己之前的印象并无差错。除了"京武者"一词提出者发现的那一处史料之外，再也找不到"京武者"的踪迹。

140　　如果搜索"京武士"，倒是会出来不少结果，但除了其中一例之外，其他所有结果中的"京武士"都只是"在京武士"四个字的一部分而已。"在京武士"的断句应为"在京""武士"，无论如何不可能将"在"与"京武士"分开理解。有鉴于此，笔者的脑海中产生了一点疑虑："京武者"一词是不是也和"京武士"一样，是断章取义的结果？

为澄清这一疑虑，笔者再次考证了"京武者"一词出现的引文，现在此将那段原文译为现代文如下（两个关键词未做翻译，以双引号标出）：

今日下午四时许，"南京大众"已在宇治一坂的南原附近，与"京武者"交战。据传双方各有多人死伤。

从这样的一句话中，我们能否得出与"京武者"概念提出者一样的定义呢？毫无疑问，这段引文中既没有提到"仅限于五位以上"，也没有提到"六位检非违使亦可""仅限于源平二氏""仅限于领地规模较小之人"等条件。

上述引文想要表达的只是"南京大众"与"京武者"发生了战斗而已，这两个词在句中无疑是成对存在的。既然如此，我们如果明白了"南京大众"的意思和词语结构，便应根据"南京大众"一词的结构来解读"京武者"。"南京"就是奈良（旧平城京），"大众"指的是武装起来的下级僧侣（也就是所谓的僧兵），因此"南京大众"即"奈良之大众"，指的是从属于兴福寺和东大寺的"大众"。由于东大寺没有参加上述引文中提到的强诉，这里只指兴福寺的"大众"。从日语的构词来说，"南京大众"不是一个单词，需要在中间加一个表示所属的助

141

词"の"，读作"南京之大众"。如此一来，作为对照的"京武者"在日语中也不是一个单词，应该读作"京之武者"。

如此一来，上述这段话就不足以证明"京武者"一词的存在，我们也因此可以得出结论：当时并不存在"京武者"这种表述方式。

写下上述这段话的藤原宗忠并非想说武士的类型，他脑海中有的只是"自南都攻来的一伙人"和"防守京城的一伙人"两方冲突的情景。我们只能认为他是在这样的认识下写下"南京之大众"与"京之武者"的表述的。强诉在当时是颇为棘手的问题，每每发生，朝廷总要倾尽全力应对。在那种多一人是一人的情况下，难以相信朝廷会把根据地不在京都的武士排除在防御力量以外。在那种危急关头，恰好身在京都的武士（无所谓根据地所在）一定悉数加入了战斗。"京之武者"一词的含义也在于此。

这样一来，我们便不难理解为什么"京武者"三字在其他史料中从未出现了。这是因为"在京都的武士"这一概念在当时已有了一个更为普及的表述方式，也就是上文提到的"在京武士"。

如果只是表达武士的所在地，"在京武士"四个字便足够了。如果要表述血统，"源氏、平氏之辈"一词在源平合战时期便已被用来指代一个专门的社会集团（见页边码第185页）。除此之外，时人恐怕并不需要发明一个新词来称呼既是"在京武士"又是"源氏、平氏之辈"的群体，本书之前引用的史料中出现的将"天下〔京都〕武者，源氏、平氏之辈"并用的情况便是例证（见页边码第95页）。此外，鉴于"都鄙往还"（辗转于京城和地方社会之间）是当时武士的基本生活方式，将通常给人以在京或在院身边服侍之印象的武士专门分类为"京武者"也不现实（或许只有平正盛一家符合这一情况，但平正盛受到白河院破格的宠信，只是一个特例）。

让我们在此前提之下说回正题。从平正盛飞黄腾达的时代开始，"源氏、平氏之辈"的势力在京都被快速统合起来，半个世纪后的保元之乱便是结果。促使两家武士集结势力的原因其实是来自"强诉"的压力。在这种意义上，"强诉"可以说决定性地改变了武士与京都的存在形式。

第四章　院政孕育的叛逆者与守护者

——诅咒京都与天皇的强诉，守护京都与天皇的武士

走上暴力路线的延历寺：以院政为敌的强诉

武士原本分成多股势力各自为政，但从院政时代开始，朝廷以京都为集结点，将各路武士团动员到一起。造成这一新动向的原因在于院和武士的面前出现了一个需要共同面对的新"敌人"。这个新的"敌人"以"神佛的代言人"自居，实则与黑帮无异，他们通过名为"强诉"的军事行动，对京都和朝廷构成了公然的威胁。

据《平家物语》所传，白河院曾有过"贺茂河水、双六之目数、山法师，此皆不如我心意"的感叹，这便

是著名的"天下三不如意"。鸭川（贺茂川）的治理难度
甚大，一旦天降大雨便会泛滥京城；双六近似双陆棋，是
一种桌面游戏，即便玩家是如白河院一般的专制君主，也
无法控制骰子随机掷出的数字。这两种分别属于天灾和随
机概率事件，令人无能为力。

不过，白河院举出的第三大不如意之事"山法师"
却是一桩人祸，指的是比叡山延历寺的僧人。京都和朝廷
提到"山"字时指的都是比叡山，延历寺通常也被称为
"山门"。比叡山延历寺是奈良时代末期到平安时代初期
的高僧最澄开创的寺院，在教科书中常被描述为以守护朝
廷和平安京为目的的镇护国家佛教的重镇。然而，"镇护
国家"只是延历寺开山时的初衷。进入摄关政治的时代
后，延历寺就变成了不惧天皇和神明，充满恐吓、暴力和
掠夺等暴行的地方。

9世纪中叶，遣唐留学的圆仁、圆珍等僧人从唐朝带
来资料与学说之后，在延历寺设立了以研究、传授这些知
识为目的的机构"唐院"。两人中率先回到日本的圆仁成 145
为第三代天台座主（延历寺的住持），他设立的机构被称
为"前唐院"；返日较晚的第五代天台座主圆珍创立的机
构被称为"后唐院"。

圆仁、圆珍两人圆寂之后分别被朝廷封为慈觉大师、
智证大师，在圆仁设立的前唐院就学的僧人因此被称为慈

觉门徒，在圆珍设立的后唐院学习的僧人则得名智证门徒。圆仁是最澄的弟子，圆珍则是最澄的徒孙（最澄弟子义真的弟子），他们无疑都是硕学高僧。

然而，这两位高僧的弟子就没有那么光彩了，他们不再努力通过思辨和争论来探究真理，而是试图采取互相残杀的方式迫使对方就范。哲学讨论就这样演变成暴力冲突，而且竟持续了一百年。在这期间，圆珍一门的智证门徒于正历四年（993）离开比叡山，把琵琶湖畔大津附近的园城寺（三井寺）设为据点。这些在园城寺另立山头的智证门徒被称为天台宗的"寺门派"，与留在延历寺的慈觉门徒"山门派"相对，二者被简称为寺门、山门。两派之间结下了不共戴天之仇，直到室町时代仍争斗不已，不时焚烧对方的寺院与经藏，陷入冤冤相报的循环。

威胁朝廷的方法之一： "抬神舆"（抬出御神体游行）

院政时代，大寺院的僧人往往分为专心于学问与修行的"学侣"和身份较低、既不研习学问也不修行的下级杂役僧侣，后者在当时被称为"众徒"或"大众"。众徒在相貌上与僧人一样，生活作风却与俗人无异。和现代日本的宗教法人团体以宪法规定的"信仰自由"为挡箭牌享受免税待遇一样，当时的宗教界也享受了一定的特权，一个人如果假装成宗教人士，也能从中分一杯羹。因此，所谓众徒只是由一些看破了其中门道的暴力分子打扮成僧人的模样组成的黑帮团体而已。

当朝廷的决策不能满足众徒的诉求时，众徒便打算用武力恫吓迫使朝廷就范，这种恫吓行为便是"强诉"。当代日本教科书中虽然将这种行为写作"强诉"，但在古代和中世的文献中，"嗷诉"的写法更为常见。

"强诉（嗷诉）"的意思并不是"强有力地发起申诉"，而是"强行向天皇提出自己的诉求"。"嗷诉"的"嗷"在当代日本不是常见汉字，其含义为"骚动、吼叫"。所谓的"强诉"，也就是集中大量人员，一边大声咆哮发出威慑，一边挥舞兵器胁迫他人，借此破坏正当程序，强行提出己方主张的活动。

众徒既无视天皇的旨意，也不遵守朝廷的规则，更不在乎社会的常理，肆无忌惮地践踏着世俗世界的法则与惯例，并认为这是自己的正当权利。这是因为在众徒看来，自己的行动体现了神祇和佛陀的意志，反抗自己就是在对抗神佛。

在摄关政治时代，日本本土的神祇信仰与佛教发生了 147 名为"神佛习合"的交融现象，神祇与佛陀之间的关系被称为"本地垂迹"。这一思想认为，日本本土的神祇是佛陀为引导民众而形成的化身（"垂迹"），本土神祇的真身就是佛陀。因此，神社与佛寺时常连为一体，不少神社还设有名为"神宫寺"的附属寺院，但在神宫寺的僧侣看来，神社的神官侍奉的只是佛陀的化身，而自己供奉的佛陀才是真身，因此自己比神官更加重要。在比叡山，延历寺的附属神社就是日吉神社（今天的日吉大社）。

僧人数百年来对神官的强烈歧视，让神官积怨甚重。明治维新以后，随着新政府推行神佛分离、废佛毁释等新政，这种积怨彻底爆发。比叡山日吉神社的神官曾公然闯入延历寺夺走佛像并加以破坏，将打碎的木块当柴烧，惹出了闻名一时的大事件。

在怨恨逐渐累积的同时，大寺院也在从神社榨取每一分价值。神社拥有寺院没有的宝贵财产，那便是神祇寄宿的实体——"御神体"。在发起强诉时，僧侣会命令神官请出御神体，将其抬入京城，这种做法可谓寺院与神社的合作。

御神体是神祇的权威在现实中的具现。奈良的兴福寺曾动员其下属的春日神社的神人（低级神官）将神明栖居的"神木"直接扛到京城。除此之外，神社也可请神明移驾到其他物体（"依代"）之上，再将其装上神舆（神明乘坐的轿子）抬进京城，参加示威游行。延历寺的僧人在发起强诉时便曾动员下属的日吉神社将守护比叡山的多位神祇请上神舆，与队伍一道闯入京城，这种强诉方式被称为"抬神舆"。

如果凭武力强行阻止"抬神舆"的队伍，导致神人或众徒出现死伤，这样的行为就会被视作对神佛的公然挑衅，将为动手之人招来天谴。众徒宣称自己的要求便是神明的要求，而根据神佛习合思想，神明的要求也是佛陀的要求，如果狂妄地与神佛为敌，便要承受巨大的痛苦，这就是"抬神舆"背后的逻辑。这样的胁迫行为堪称日本历史上最令人不齿的行为之一，却令时人束手无策，直到战国时代前夕都经常在中世京都上演。

威胁朝廷的方法之二：
将神舆放在京城，让天皇颜面扫地

现代日本很多神社的祭典中都可见动作粗犷的男性队伍吵嚷着搬运神舆的环节，这在东京地区的著名祭典中也很常见。这种活动在本质上正是之前提到的"抬神舆"。而在都市以外的地方社会，类似的祭典还会演变成"喧哗御舆"这种充分暴露人类好斗本能的嘈杂竞技。这些活动并非神社祭礼的本来面目，但从近世①开始，为什么人们会有"祭典就是抬神舆"的印象呢？

————————

① 主要指江户时代（1603—1868）。

笔者怀疑，这种印象是强诉运动的产物。和一板一

149　眼、单调乏味的正式祭礼相比，抬着神舆大闹一场的狂欢

更为有趣，也更能在民俗中保存下来。如果强诉真的从一

种非常态的示威游行蜕变为一种年度例行活动，这样的历

史演变无疑是十分值得探讨的。

话说回来，如果众徒只是抬出神舆，朝廷有时也不会

让步。面对这种情况，强诉一方想到了将神舆或神木弃置

路边的办法。众徒认为，虽然这种无礼做法会带来报应，

但因为是在朝廷逼迫下不得已而为，最终受到惩罚的也是

朝廷而非自己。这虽然是诡辩，但朝廷也对此束手无策。

因为能够用手触碰并搬运御神体的只有神社专属的神官，

如果朝廷不答应他们的要求，他们是不会挪动御神体的。

在神体被弃置路边期间，神明的怨气将逐渐累积，迟早会

对朝廷爆发出来，众徒以此威逼朝廷就范，不惜通过这种

诅咒之术将天谴引到朝廷身上。

在此基础之上，众徒还想到了更为激烈的做法，那就

是闯入内里，将御神体放在内里的地板上。由于御神体神

圣不可侵犯，就连天皇也不得不从内里逃走。此外，因为

不能与御神体平起平坐，天皇为免僭越，必须先在地上下

跪。这种威胁手法只需将御神体抬进内里，就能让天皇颜

面扫地，可谓十分高效。因为御神体只有专属的神官才能

收回，天皇如果不答应强诉者的要求，就无法回到自己的

居所，这也是将御神体抬入内里背后的考量之一（桃崎有一郎，2008）。

威胁朝廷的方法之三：
诅咒"佛祖之敌必将在痛苦中死去"

强诉者手中还有一件更具攻击性的武器，那就是用祈祷的方式诅咒对方遭遇不幸。或许有人会吃惊于佛教竟然会伤害他人，但我们也不应天真地看待佛教教义。佛教中有对不信之徒施加诅咒的做法，关于这一点可以在被诸多宗派引为根本经典的《法华经》最终卷（第二十八卷）《普贤菩萨劝发品》的结尾中找到证据。这段经文宣称，轻视《法华经》之人都将受到最为酷烈的惩罚与折磨，这些惩罚并不是指在死后被地狱业火焚烧或服无限期劳役，而是指在生前便承受超乎寻常的肉体痛苦。在读到这段经文时，笔者对佛教信仰的憧憬也丧失殆尽了。

佛教的教义仍未摆脱"与佛教为敌者是绝对的邪恶之徒，必须施以最残酷的折磨"这一桎梏。如果向佛陀祈祷让他人死亡或陷入不幸且得到了应验，就表明诅咒的目标就是真正的佛敌，是不可饶恕的邪恶之辈，将其咒杀的行为也就是一种善行。这种佛教的诅咒仪式被称为"调伏"。

在此试举一例，以说明调伏与强诉之间的关联。镰仓

150

时代后期的弘安六年（1283），因天王寺①别当的任命问题引发了争议，山门为提出己方诉求发起了"抬神舆"的强诉，但当时镰仓幕府的主政者安达泰盛站在山门的竞争对手一边，没有向强诉屈服。见强诉未果，山门僧人开始"修大法秘法""调伏阻碍山门申诉之一党"，即在暗中举行大规模的仪式，诅咒安达泰盛等所有阻挠山门诉求实现的人。

当年十一月，镰仓发生了名为"霜月骚动"的政变，安达泰盛一门全部被杀。延历寺一方的文献记载，朝廷和幕府因此大为惊恐，做出了对山门有利的裁决（《南禅寺对治诉讼》，见《大日本史料》第6篇第30册第27页）。在霜月骚动中共有超过500名御家人被杀，对于这起惨案，延历寺方面以欢呼似的口吻记载道："看看吧，违逆本寺意愿的人全都被咒杀了。"初次看到这段文字时，笔者曾为延历寺背后的阴暗战栗不已。

白河院政划时代的意义之一：
山门强诉在史料中初次登场

权贵寺社正式开始发动"积极攻势"的时间正逢白

---

① 即四天王寺，在今大阪府大阪市。

河天皇在位之际。承历三年（1079）六月，千名延历寺僧人发起暴动（《为房卿记》），起因是当时祇园神社感神院的人事任命问题。由于神佛习合的观念，祇园神社受到名为感神院的佛寺的支配。不知从何时开始，延历寺方面宣称感神院与祇园神社分别为自己属下的末寺与末社（支配下的寺院、神社）。作为末社的祇园神社的人事任命权本应该在延历寺手中，但感神院中的某人违背了延历寺的意向，将自己的职位擅自让给了他人。延历寺因此大为震怒，要求朝廷"以延历寺的任命为准，驳回感神院的决定，并要求可恶的违命之徒认罪"，不过这一要求没有立即得到受理。152

对朝廷的态度感到不满的延历寺众徒因此发起了暴动，朝京城进军，人数多达千人，其中600人手持600卷《大般若经》、200人手持200卷《仁王经》，另有200人全副武装。这是文献记载中第一次出现山门强诉的记录。这些僧人在行进时叫嚣着"如果朝廷不受理就要向天神申诉"，这里的"天神"指的是供奉在北野社（今北野天满宫）的菅原道真。菅原道真在政治斗争中落败后左迁九州，在当地郁郁而终，人们认为他死后成了极为凶猛的怨灵，向政敌藤原氏作祟报复。北野社本是为平息菅原道真之灵、以道真之力镇护国家的神社，但山门众徒打算在强诉中借用道真的作祟之力为己方助威。

此时的山门强诉虽提及了神祇，但"天神"并不是延历寺供奉的神，强诉者暂时还没有产生将自家寺院镇守神社里的神舆抬出来进行威慑的想法。他们手中带有宗教神秘色彩的物件只有经书，队伍中也只有僧人。

153　　然而，只是手持佛经游行，威慑的效果仍有不足。佛经只是写有佛祖教诲的纸张，并非佛主的宿体，僧人手捧经卷列队行进不是什么骇人的景象，阻止他们游行也不至于遭到佛祖的惩罚。换言之，这样的游行并不能构成威胁。

最终，这些僧人只是列队进入北野宫寺（北野社属下的佛寺），转读（只诵读部分经文以代替全卷的技法，常用于诵读长篇佛经时）手中的经卷后便打道回府了。他们的《大般若经》与《仁王经》中也没有令人害怕的内容，其中《仁王经》的全名为《仁王护国般若波罗蜜多经》，作为有镇护国家之效的佛经，诵读起来反而对朝廷有利。白河天皇大概也觉得这些僧人读经无伤大雅，于是没有当一回事。

白河院政划时代的意义之二：
强诉开始假借神祇震怒之名

这样的强诉显然无法奏效。佛祖在世间的面貌本就是慈悲为怀的救济者，无法给人以凶猛易怒、降灾于人的印象，不可能被当作"恐怖的主宰者"。

为了解决这一问题，强诉者请出了神祇。日本的八百万众神与佛祖不同，既不向世人施舍慈悲，也不以救济世人为存在目的。神祇与性格亲和的佛陀不同，忠实于一己之欲，一旦被惹恼就会失控发狂，给人类降下灾祸。如果将震怒的神祇请出来，就能起到威慑效果。

在神祇的旗号面前，天皇和朝廷的力量极为微弱，一个重要原因在于，正是他们自己让所有日本人相信"日本是八百万众神栖息之国，位于其顶点的是天照大神"（也有证据表明，大和朝廷在 6 世纪末的飞鸟时代尚未完全形成这一信仰）。换言之，既然向他人传递了这种世界观，天皇和朝廷自己便无法违背崇拜神祇的原则。南北朝时代隶属于南朝方的北畠亲房撰写的史书《神皇正统记》曾开宗明义地指出"大日本乃神国也"，这句话虽十分著名，却不是由他首创的。"日本乃神国"是自古代以来便已形成的惯用说法，因此其文脉中带有"让朝廷回归正轨"的含义。总之，崇拜神祇便是朝廷的本职。

作为外来思想，佛教并非朝廷或日本国必不可少的立国之本。在日本中世，曾有不少人哀叹佛教衰落乃至有消亡的预兆，但他们担心的也无非于"在现世与来世受苦"而已。相比之下，在古代和中世日本人的世界观里，诸神就是日本国土本身，因此，如果对祭祀稍有懈怠，后果将

154

比"现世受罪"严重得多，人们赖以生存的整片国土乃至全世界、全人类都有灭亡之虞。出于这种观念，天皇、朝廷和后来的幕府都以祭祀神祇为最重要的事务，无论朝廷还是幕府在制定政策和法规时都会把神事（振兴神祇祭祀事业）列为第一要务，把佛事（振兴佛教事业）列为第二要务，最后再处理世俗社会的行政问题。

以山门为首的豪门寺院看准了神祇信仰对于朝廷的重大意义，以"神的旨意"为借口粉饰自己的诉求。这一变化也是在白河院的时代开始的。如此看来，强诉既包括了以人数取胜的数量暴力，也包括了以他人的信仰为要挟的精神暴力，还有全副武装的物理暴力，诚可谓"暴力全家福"。

白河院政划时代的意义之三：
武士在君主直接指挥下于京都作战

不过，本书的重点并不在强诉本身，而在强诉引发的一系列连锁反应。如前所述，史料中记载的第一场强诉，即承历三年（1079）的山门强诉之中，比叡山方面出动了200名装备弓箭的众徒。鉴于弓箭是当时威力最强的武器，弓箭手也是当时最精锐的战士（《探求武士的起源》），这场强诉已严重威胁到国家安全，朝廷必须全力抵挡。

白河天皇立刻下令背靠鸭川沿岸的堤坝布阵，防止僧人从东方渡河来攻。值得注意的是，这条防线主要是由武士把守的。

响应白河天皇的命令赶来的武士包括前下总守源赖纲、甲斐守源仲宗，检非违使派出的卫门尉平季衡、平季国、纪章成以及一名卫门志、一名卫门府生，还有不属于检非违使的右卫门尉平正衡、平宗盛。源赖纲是源赖光之孙，源仲宗是源赖信之孙，平季衡、平正衡兄弟是平贞盛的曾孙（平维衡之孙，平正度之子）。平正衡就是平正盛的父亲，也即大名鼎鼎的平清盛的曾祖父。总之，为了对抗山门强诉，源氏和平氏的主要武士全都被动员了起来。

156

上述情况便是本书重点关注的"连锁反应"。由于众徒强诉对京城构成威胁，在京武士不但接受了总动员，还在统一调度之下执行了实战任务。此外，此前只在地方上挑起零星战斗的武士也在白河天皇的直接指挥下在京城参与了战斗。上述情况都是前所未见的。

即便在白河天皇让位成为上皇、出家成为法皇之后，每当有强诉发生，类似的安排都会重演。换言之，由院指挥并动员全体武士在京城作战这一院政时代的特色，其根源就在白河院本人的个性上。不断发生的强诉逐渐在院政权力和武士之间塑造了如上所述的关系，从而改变了武士和京都的历史轨迹，具有重要的历史意义。

鉴于第一场见于史料记载的强诉就发生在白河天皇在位时期，可以说白河院（白河天皇）催生了堪称中世京都保留节目的强诉活动，开创了由君主总动员武士这一中世初期的基本格局，也第一次让京都成为武士作战的战场。他的统治无论对京都的诞生还是对武士的历史都有着划时代的巨大影响。

白河院对主要武士的总动员之所以能成功，是因为动员的目的在于守卫京都，可以得到舆论的全力支持。守卫京都是只有武士才能承担的任务，而京都作为守卫对象又至关重要，这种对武士的统一调度只有在这两个前提下才能实现。在时人看来，"由院发起总动员，出动源平两家的武士保卫京都"是必要之举。由此可见，京都也是促进武士阶层内部整合这一重大历史变革发生的关键催化剂。

随着强诉趋于频繁，京都也开始发挥另一种作用，即充当武士出战前的校阅场。以京城为舞台，知名武士集体登场，可谓"武士全明星"，武士们悉心装饰身上的甲胄、手中的弓矢刀剑乃至马具，材料和配色都极尽考究，试图给人留下最深刻的印象，让观众将武士们的英姿铭记于心，将他们的声名传诸后世。如此说来，武士的阅兵无异于一场时装秀，京都的街道对他们而言也无异于模特脚下的 T 台。

157

如婴儿啼哭般的强诉：
虽无实际危害却让人难受的喧嚣

前文提到的那场最早见于史料的强诉发生两年后，永保元年（1081）三月，大和国多武峰（今天的谈山神社）的 600 名众徒大举入京，在鸭川河滩上集结。多武峰是以藤原氏的始祖藤原镰足之墓为基础发展起来的寺院。这场强诉的细节虽不见于史册，但最后似乎没有发展至暴力冲突（《帅记》）。

第二年，即永保二年（1082）十月，纪伊国熊野山（今天的熊野神社）的 300 名众徒抬出新宫和那智（与熊野本宫合称为熊野三山的另外两座神社）的神舆来到京城东方的粟田山，将神舆放置在山口之后聚集到内里门前，宣称尾张国司的部下杀害了熊野众徒，要求朝廷予以惩罚。这一场强诉最终也没有演变成暴力冲突（《扶桑略记》）。

158

四年后的应德三年（1086），白河天皇退位，开始施行院政。又过了七年，宽治七年（1093）八月，兴福寺的众徒与春日神社的神人一道闯入京城，要求朝廷"惩处对春日神社领地居民胡作非为的近江守高阶为家"。春日神社神人们抬出了光彩夺目的御神体——神镜，令都城居民印象深刻。至此，在强诉时将御神体带入京城的时代正式来临。在朝廷方面，时任关白藤原师实将情况禀告白河院之后，以内大臣藤原师通（藤原师实之子）为首的廷臣第二天便开会讨论处置办法，在次日决定将高阶为家流放土佐国，并对相关人员施以罢官、罚金等处分。

众徒们对朝廷如此快速的反应心满意足，于是退回了奈良，但他们也从此尝到了甜头。兴福寺是藤原氏的氏寺，春日神社供奉的是藤原氏的祖神，具有特殊的优势。藤原氏占据了朝廷的大部分高级职位，这些官员如果惹恼了兴福寺、春日神社，（在兴福寺方面看来）就无异于被氏寺和祖神扫地出门。出于对这一结果的恐惧，朝廷内部的风向最终倒向了兴福寺一方。在处理此事的朝廷会议中，本应领导太政官的左大臣源俊房没有出席，而是排名第三的内大臣藤原师通主持，就是因为兴福寺的强诉是藤原氏的内部问题（《百炼抄》）。白河天皇在位时及退位之后不久发生的四次强诉最终都没有发展为激烈的暴力冲突。承历三年（1079）六月第一场见载于史料的强诉虽引起了"唤呼之声满天，诉讼之词惊人"（《为房卿记》）的骚动，总体上仍十分平静。

这样的强诉在性质上与婴儿的啼哭相近，虽然没有实际危害，却会发出如阿鼻叫唤一般的巨大噪声，让大多数人不胜其烦、举手投降，但对不以为意之人不会起什么作用。而白河院就是这样一个置身于刺耳噪声之中仍不为所动的人。

白河院的强硬性格影响了朝廷，引起了强诉

不过，白河院的顽固姿态只会激发强诉者施加更大的压力。兴福寺强诉两年后的嘉保二年（1095）十月，山门终于开始更进一步的行动（《中右记》）。

这一回，山门强诉的起因是一场围绕延历寺在美浓国的庄园发生的骚乱。美浓守源义纲举报在当地管理庄园的下级僧人屡屡犯下"非道"之行，扰乱当地秩序，朝廷虽派人向延历寺方面求证，却被后者以"本寺一概不知情"的借口搪塞过去。他们大概是低估了白河院的决心，以为只要撇清与下级僧人的关系就能平安无事。

然而，白河院一反预期，决定对山门方面动真格，令源义纲追讨犯下"非道"行为的延历寺僧人。"追讨"即官方的杀人命令，无异于对犯人宣判死刑，是极重的判罚（见页边码第36页）。源义纲奉命讨伐被指控的延历寺僧人，在战斗中射杀一人，俘虏数人。虽然被俘的僧人最后得到赦免，但山门方面还是为一人被射杀的结果激怒，要求朝廷流放源义纲。白河院也针锋相对，以"源义纲奉朝廷之命作战，只不过有僧人不幸被流矢射死，不可论罪"的理由予以驳斥。见申诉未果，山门众徒打算凭武力逼迫朝廷就范，便向京城袭来。

160

京都的诞生：武士缔造的战乱之都

虽然山门强诉在十六年前便已发生过，但抬出神舆进行强诉的做法在当时刚刚出现。可以说，"抬神舆"这一做法本身也是因白河院的统治而诞生的。不仅如此，在白河院统治时期，延历寺、多武峰、熊野山、兴福寺等各路豪门寺社都开始发起强诉。这就提出了一个重要的问题：为什么强诉突然在这一时期如此集中地爆发呢？这一点学校老师恐怕从未教过，教科书也从未写过，本书试图予以解答。

首先要看白河院时代，亦即院政体制发端的时代，朝廷与豪门寺院之间的关系发生了怎样的变化。答案很简单：白河院时期的朝廷与之前的朝廷相比，对于宗教势力的态度更为强硬。在摄关政治时代，众徒未曾大举上京，是因为他们只要在争端早期发起示威表达不满，就足以让朝廷屈服，只要这一模式仍能奏效，他们就不必发起像强诉这样过激的抗议活动。不过，在白河天皇在位时因祇园神社感神院人事问题（见页边码第151～152页）爆发的强诉中，千名山门众徒入京时的口号是"如果朝廷不满足要求就向天神申诉"，换言之，强诉是以朝廷方面"不接受寺社要求"的态度为前提的。

这一点在史上第一次有记载的山门"抬神舆"抗议活动中有鲜明的体现。山门要求朝廷处罚源义纲，可白河院采取了全然包庇的态度，延历寺僧人原本可能是在战斗

161

中被蓄意射杀的，但朝廷没有对真相加以调查，便断定僧人只是"被流矢射死"。通过这一判决，我们不难看出白河院想要释放怎样的信号："无所谓具体案情，源义纲是根据朕的命令发起战斗的，只凭这一点就能说明他行为的正当性。让源义纲成为罪人，无异于否定朕的命令，朕绝不接受。"即便听闻延历寺众徒即将大举上京，白河院还是驳回了山门方面的要求。

"神佛站在朕这一边"：
无比自负的白河院镇压强诉

　　白河院接下来对负责管理神社的神祇官下达了这样的命令："朝廷之前三令五申，禁止神社的神官与属民擅自发起诉讼，乃至抬出神舆进入京都。但山法师仍聚众作乱，违反禁令。有司应立即制止这些犯罪者，即便他们有神舆在肩也不得宽宥，事后再向各神社的神祇说明原委，询问诸神是否介意。"从这则命令中，我们可以看到白河院本人的信仰和他应对强诉的策略之间有着怎样的关联。

　　如果没有神明栖息，那么神舆就只是普通的木头。众徒虽然宣称"神舆中住有神明"，也只是在下服侍之人替神明说话而已。既然如此，朝廷方面大可以直接向神明汇报，询问凡人扛出神舆一事是否代表了他们的意志。

162

白河院并非对神明毫无恐惧之心，只是从不认为众徒和神人真的是神明的代言者。白河院在应对强诉时态度强硬，只是因为他相信诸神不会听任下级僧侣与神官的摆布，一定会站在自己这边。这种想法背后的强烈自信与自利心态正是白河院最大的优势。

白河院如此膨胀的自信心应当是院政这一政治体制的产物。在摄关政治时代，摄关无论掌握了多少权力都只是代行皇权，其地位无非相当于天皇的最高顾问，绝不能成为君主。然而，行使院政实权的上皇（也被称为"治天之君"）有过即位为天皇的经历，在经验和血统上都不逊于天皇；不仅如此，上皇比现任天皇资历更老，是天皇的直系长辈，还对天皇有让位之恩，从这些角度来看，"治天之君"的地位理应高于天皇。此外，在飞鸟时代和奈良时代，日本便有由前天皇担任实际统治者的传统，而因为白河院之父后三条院的皇后并非藤原摄关家主流出身，摄关家也不可能以外戚身份制约他。

就这样，白河院可以说是当之无愧的最高统治者，既不需要顾虑其他人的眼色，在地位上也不逊于任何人。作为君主，他完全可以，或者说相信自己可以随心所欲地行动。这便是院政时代以来历代"治天之君"共有的强烈自信心的根源。

白河院曾留下了"三不如意"（贺茂河水、双六之目

163

数、山法师）的著名传说，这反过来说也表明他相信除
此三事之外，天下万事都尽在自己的掌握中。如此一来，
当这三件事与他的意愿相违背时，他的反应也会异常激
烈。宗教势力总是抱有一种"唯我独尊"的特权意识，
无论世俗政府如何改变，自己都可以逃离管制与课税，保
障特殊利益，在行事时不受约束。这与"治天之君"无
远弗届的权威相悖，必然会遭到彻底镇压。

　　白河院作为天皇统治了近十五年，随后又施行院政长
达四十四年，换言之，他在朝廷掌握最高统治权的时间足
有五十八年之久。在白河院超过半个世纪的漫长统治期
间，朝廷始终以强硬姿态与众徒、神人对抗，由于白河院
本人坚决拒绝妥协，朝廷与寺社就必然要斗争到最后一
刻。强诉本应是众徒一方的最后手段，在这一时期的发动
频率却如此之高，上述对抗姿态就是最大的原因。众徒、
神人们为了让自己的诉求得到满足，最终也只能选择挥拳
相向。

强诉的力量不敌武士

　　面对要求惩办源义纲而发起强诉的山门众徒，白河院
再次动员武士守卫内里各处出入口，并在鸭川河滩上组织
防线。因为指挥者白河院毫无怯意，前线的武士也士气高

164

涨。在白河院下令对强诉者坚决抵抗、严肃处理之后的第二天，有少数众徒和神人试图入京，但在鸭川河滩被武士们拦下。在驻守河岸的武士当中，源赖治带领的部队表现得尤为强硬。

源赖治的曾祖父是源满仲的次子源赖亲。源赖亲曾三次担任大和守，以这一经验为基础，赖亲一族在大和国形成了一大势力，人称大和源氏。因为兴福寺（以及春日神社）将大和国视为自己的领地，他们对源赖治在当地的存在极为反感，但源赖治还是凭实力在大和国扩张了自己的势力。由此可见，此人原本就是对兴福寺、春日神社等宗教权威无所畏惧的人物。当山门众徒试图凭借宗教权威上京威胁朝廷时，源赖治这样的人无疑是最适合出面应对的。

源赖治的手下向山门众徒、神人连连放箭，射中了三名僧侣、一名祢宜（神官），将其余强诉者击退。山门方面为此激怒，但因为源义纲奉白河院之命在鸭川河滩上严防死守，众徒们最终放弃了强行突破的打算。史料记载，为应对这场强诉，"武勇之士，满盈京都"（《中右记》）。

165 白河院坚决贯彻了以暴力对抗暴力的路线，用武力回击了试图强行闯入京城的众徒，无异于表明"要是硬碰硬，武士全在我这边，你们没有胜算"。武士的战斗力具有压倒性优势，强诉者只是一群乌合之众，根本不是对手。

不过，单就意志力而论，寺社方面也不落下风。僧侣和神人相信侍奉神佛的自己理应得到特别优待，即便世俗世界的掌权者态度强硬，这一想法也不会动摇，他们的斗志依旧十分高昂。就这样，在同样具备坚强意志力的白河院和众徒之间，强诉冲突频频发生，几乎没有尽头。无论态度多么坚决、力量多么强大，白河院始终无法彻底征服那些和自己一样决不屈服、以特权自傲的众徒。

让强诉成功的把戏

不过，众徒也是精于算计的现实主义者，如果在强诉当中失去的多而得到的少，他们也不会反反复复地诉诸这一做法。强诉之所以不断发生，是因为众徒们始终认为这种办法可以奏效，能让朝廷服从己方的诉求，可怎样才能让那位强硬无比的白河院屈服呢？这就需要一点有趣的小把戏了。

长治二年（1105）十月，数千名山门众徒在平安京以东的祇园神社集结，抬着神舆来到大内里的阳明门外，要求将大宰权帅①藤原季仲、石清水八幡宫别当纪光清和检非违使左卫门尉中原范政流放。这三人都曾侵害山门的

---

① "大宰权帅"详见本书页边码第215页。

利权，其中尤为值得注意的是石清水八幡宫的反应。

在石清水神社的八幡宫寺具有统合全国八幡宫的地位，"别当"则为八幡宫寺内级别最高的僧人，在"别当"之下还有一位未出家的神官担任掌管神人的"俗别当"。八幡宫寺的别当纪光清是这次山门强诉的当事人之一，为防朝廷流放纪光清，石清水八幡宫的俗别当也率众来到大内里的待贤门前示威，控诉称山门的众徒"山法师"们用刀砍伤了自己手下的多名神人，要求朝廷不要罢免纪光清。因为当时正值夜间，山门和石清水两方的强诉者也开始发生摩擦。

这种做法和现代日本司法制度中的"反诉"类似。所谓"反诉"，指的是被告人在案件审理过程中向原告人提出的反击性诉讼。不过，强诉的本质是用强制手段胁迫审判者，如果原告人和被告人同时发起强诉，审判者就要面临双重考验，而当时的朝廷是无力同时对付两家豪门寺社的。

这样一来，朝廷便只有一个选择，那就是从山门和石清水神社中选出胜诉的一方。在上述事件中，朝廷最终遵从了山门的要求，将三人罢免问罪，山门众徒对此心满意足，回到了比叡山（《中右记》）。强诉取得了一场实质上的胜利，让山门方面的要求得到了满足，也为后世留下了一个不好的先例：如果朝廷无论怎么裁决都要满足至少一方的诉求，那么只要让朝廷同时被两股势力的强诉夹在中间，就一定有一方能够成功。

保元之乱：强诉应对策略的变种

如此一来，众徒们看到了强诉具有的效果，开始反复诉诸这一手段，在鸟羽院接替白河院施行院政之后更是变本加厉。保延三年（1137）二月，围绕僧正（僧官的最高位）的任命问题，兴福寺竟出动多达 7000 名众徒携春日神社的御神体上京（《百炼抄》）。久安六年（1150）八月，兴福寺再次派出数千名众徒，高举挂在榊树（供奉给神明的常绿树，有装饰作用）枝头的神镜入京上诉。此时强诉的规模已大为膨胀，人数从数百增至数千，强诉者"吹响法螺"沿街游行，在京城引起了非同寻常的骚动（《本朝世纪》）。

抵御强诉的工作此时仍由武士承担。保安四年（1123）七月，山门众徒发起强诉时，平忠盛和源为义曾出马抵抗，手下有多人战死（《百炼抄》）。在之前提到的久安六年兴福寺强诉中，源赖贤守卫鸟羽院的御所，源光保守卫内里，平家弘保护崇德院。源赖贤是源为义之子，也是他选定的继承人，将在六年后爆发的保元之乱中与父亲一道为崇德上皇一方作战。在保元之乱中，平家弘也加

168

入了崇德上皇一方，源光保则加入了后白河天皇一方。

这样一来，我们便不难看到保元之乱的本质所在。保元之乱的主角就是院政为抵御强诉者而动员起来的武士们，保元之乱的起因就在于，院政为抵御强诉而调动武士的指挥权一分为二，令"保护君主免受强诉骚扰的武力"成为"在潜在君主之间一决胜负的武力"，可以说是院政对抗强诉之策略的一个变种。

保元之乱是标志着"武者之世"（武士担纲主角的时代）到来的重大转折点，也是京都在诞生前最后的镇痛。在此之前，小规模的私斗与强诉虽不时发生，但在京都城内，还从未发生过战争级别的大规模厮杀，除了讨逆得胜后举行的凯旋式以外，这座城市与战争毫无关联。人们曾相信，战争一定会发生在京都之外，京都永远是一片安全的看台，但保元之乱彻底打破了这一幻想。由此，京都走上了一条禁忌的道路，逐渐演变成一片战场。

第五章　保元、平治之乱
与京都的蒙难

——武士蹂躏都城的"武者之世"

摄关家的主导权之争:
忠实、赖长与忠通的对立

为"武者之世"充当前奏的正是迅速衰落的藤原摄 170
关家发出的悲鸣。

在鼎盛时期过后,藤原摄关家一蹶不振,沦为白河
院政的棋子,这一情况笔者已在第二章中有所叙述。藤
原忠实在四十四岁正当壮年之时,因触怒白河院被迫将
关白之位让与儿子藤原忠通。对于忠通在受命继任关白
时没有推脱一事,他感到十分不满,视其为不孝。但在
忠通看来,像父亲期望的那样违背白河院的命令实在过

于危险，毫无可行性。毕竟，如果自己坚决推辞并得到同意，白河院就有可能从摄关家的庶流中另外选人担任关白。

忠通是忠实的独生子，如果忠通的升迁受到阻碍，藤原摄关家本身便有覆灭之余，因此忠实无法对忠通施加惩戒。不过，藤原忠实在蛰居宇治期间又有了一个儿子，名为藤原赖长。于是，忠实决心将赖长培养成未来可以担任摄关的人才，与忠通放手一战。

藤原忠实的蛰居与藤原忠通的提拔都因白河院这位专制君主的个人意愿而起，当白河院去世之后，局势便发生了变化。大治四年（1129）白河院离世之后，鸟羽院作为崇德天皇的父亲开始施行院政，藤原忠实也重新登上政坛。鸟羽院与藤原忠实并无芥蒂，于天承二年（1132）授予他内览之权，为他正式复权出了一臂之力。然而，随着忠实掌握内览之权，在实质上与关白忠通平起平坐，藤原摄关家的权力也一分为二。此时藤原忠通之所以没有被罢免关白之位，一是因为他在任上留下了一定的政绩，二是因为他之前并未犯下足以罢官的罪过。

忠实、忠通父子为将女儿和养女送入后宫，展开了激烈的竞逐。藤原忠实将曾因自己下野而失势的女儿藤原泰

171

子送入后宫，泰子的地位也迅速提升，成为女御①乃至皇后。保延六年（1140），藤原忠实出家之后隐居宇治，专注于培养次子赖长，以与忠通对抗。

藤原赖长在政坛突飞猛进，在保延二年（1136）年仅十七岁时便官拜内大臣。当时的"一上"（太政官的首席）是左大臣源有仁，但他在久安三年（1147）去世，时年二十八岁的赖长以内大臣身份被指定为新的"一上"，成为太政官首领。这样一来，忠实、赖长父子便能以太政官的独立性为依托，制约关白忠通的权力。三年后的久安六年（1150），正式成人的近卫天皇将赖长的养女多子②纳入后宫，册立为皇后。

为反击忠实、赖长父子的攻势，忠通也将养女呈子嫁入宫廷，成为近卫天皇的中宫。"皇后""中宫"在地位上平起平坐，忠通与忠实、赖长的势力只能说不分伯仲，但在此之外，忠通还掌握了另一个法宝：中宫呈子曾是近卫天皇生母美福门院（藤原得子）的养女，因此她拥有坚实的后盾。

---

① 日本古代宫廷嫔妃品级之一，次于中宫、皇后。在鸟羽院尚未退位、仍为鸟羽天皇时的保安元年（1120），藤原忠实试图绕过白河院，送泰子（当时名为藤原勋子）入宫为后，终因此事触怒白河院，被免去关白之职。此处藤原忠实将泰子嫁给鸟羽院而非崇德天皇，作为上皇之妃嫔获封女御乃至皇后之号在当时皆为特例。
② 为藤原赖长妻弟德大寺公能（藤原北家闲院流出身）之女。

美福门院是鸟羽天皇的皇后，直到晚年仍得到鸟羽的宠爱，拥有极大的权势。只要与美福门院联手，就有机会将鸟羽院引为奥援；如果与美福门院为敌，便有可能被渲染成鸟羽院政的反对者。事实上，在未来的保元之乱背后，真正的冲突并不在后白河天皇与崇德上皇之间，而在全盘继承鸟羽院（在保元之乱前不久去世）权力的美福门院一派与其政敌之间。急不可耐的忠实要求已担任摄政八年的忠通让位给赖长，但忠通坚决拒绝了这一要求，两人就此决裂。忠实与忠通断绝父子关系，还剥夺了忠通的"藤氏长者"（藤原氏一族的首领）地位，转而授予藤原赖长。这一做法在当时被称为"悔返"。所谓"悔返"指的是父亲可以任意收回之前赠送给子女的财产，是当时的习惯法之一。

因为摄政关白之职由天皇任命，藤原忠实不能擅自收回。然而，忠实让忠通继承的藤氏长者之位适用于"悔返"原则。当年十月，忠实还"悔返"了之前交给忠通的家族领地、庄园，将其献给鸟羽院，这应当是为了表明自己的做法并非出于私利私欲，并讨取鸟羽院的欢心。鸟羽院不愿卷入摄关家的父子之争，一度犹豫是否接受这些领地，但最终还是耐不住忠实的劝说，勉强收下（《台记》）。

藤氏长者的象征:
东三条殿与"朱器台盘"

东三条殿(也称"东三条第")与"朱器台盘"是藤氏长者地位的两大象征。

东三条殿位于左京北部,是一座占地两町的豪华宅邸,其具体位置在二条大路以南、西洞院大路以东,相当于今天京都二条城以东约 400 米处(见图 8)。东三条殿由开创摄关政治的藤原良房建造,后由其养子(侄子)基经、基经之子忠平、忠平之婿重明亲王(醍醐天皇之子)、忠平之孙兼家、兼家之子道隆等人所有,最终传到道隆之弟道长手中,由以道长为祖先的摄关家嫡流子孙代代继承。在这期间,藤原兼家之女、圆融天皇之后藤原诠子曾在东三条殿产下了日后的一条天皇,因此被封为女院①,号为"东三条院"。

在院政时代,摄关家已开始将名下的宅院区分为日常使用的居所和举行正式典礼的府邸(川本重雄,2006)。东三条殿是专门用于举行带有半官方性质的国家级重大典

173

---

① 天皇(或上皇)的母亲、中宫(或皇后)、皇女等女性亲属可获赐院号,享受与院(上皇)相同的待遇,其封号常取自宫城诸门(如"美福门院")或京都的主要府邸(如"后三条院")。

礼的府邸，包括就任大臣和正月时举办的大型宴会"大飨"、摄关家子弟的成人仪式"元服"、将女子送入后宫的"立后"仪式和将女儿生下的皇子册立为太子的"立太子"仪式。这些典礼本质上，是一种带有夸示性的政治表演，藤原摄关家借此向外界宣告了"历代天皇多为我家外孙"的外戚地位。而东三条殿就是这一表演的主舞台，也因此成为摄关家权威的实体象征。

每当前后两代摄关家家主（藤氏长者）换代之际，都要在东三条殿交接一系列象征长者地位的物件，其中之一便是"朱器台盘"。"朱器"指的是涂有朱漆的餐具，"台盘"指的是盛放餐具的平台（多为四脚至八脚），所谓"朱器台盘"即为进餐时的一种必要物件。朱器台盘历史悠久，曾为摄关家鼻祖藤原良房之父藤原冬嗣①所用，平时被收藏在东三条殿东面的御仓町（摄关家的仓库区），当摄关或大臣召开大飨之宴时由摄关家之主使用，是为平安时代的传统。

在忠实遭到罢免，忠通接任关白、藤氏长者之时，东三条殿和朱器台盘自然也被传给了忠通。不过，藤原忠实决定凭武力夺回这两件权力的象征物。

---

① 藤原冬嗣（775—826），为嵯峨天皇近臣，曾任藏人所第一代长官"藏人头"，官至左大臣，生前曾参与编纂《日本后纪》《弘仁格式》等。

怀恨在心的忠实命源为义
强夺东三条殿与朱器台盘

久安六年（1150）九月，忠实再次要求忠通将摄政之位让与赖长，这也是他发出的最后通牒。忠通不出意外地拒绝了这一要求，但他没有直接向忠实答复，而是向鸟羽法皇奏报称："如果法皇陛下愿以赖长为摄政、没收臣的摄政一职，臣毫无怨言。但臣不会自愿让出摄政之位。"不得不说，忠通的手段比父亲忠实更胜一筹。另一方面，鸟羽法皇不想卷入忠实、忠通父子的争端，便将忠通的表态原原本本地转达给了身在宇治的忠实。忠实勃然大怒，派使者深夜上京，向赖长传达了"我将即刻从宇治上京，速来与我同行"的指示。只有忠实在这起纠纷中失去了冷静。

藤原赖长闻讯后连夜赶往宇治，与藤原忠实会合，随后在第二天早上冒雨回京。忠实在京都吩咐和自己有私人主从关系的检非违使——左卫门尉源为义占领东三条殿以东的御仓町。就这样，在午后时分，忠实（可能是在众人见证之下）向赖长如此宣告："我已要求忠通让出摄政之位不下十次，但每次都被他拒绝。忠通不孝不义，众人皆知。摄政之位为天子所授，我固然不能剥夺，但藤氏长者非天皇任命，因此我将这一地位从忠通身上夺回，转授于你。"赖长在日记中记载自己数次推辞，但父亲仍不改心意——这是赖长为了博得舆论支持而做出的姿态。

藤原忠实吩咐源为义之子源赖贤等人在已经强占下来的御仓町内找出朱器台盘，将其运走，然后占据东三条殿。随后，忠实向鸟羽院奏报："摄政不从愚臣之命，不孝尤甚，愚臣因此与其断绝父子之义，将藤氏长者之位转予左大臣赖长。"鸟羽院在回信中表达了理解，默许了忠实的行为（《台记》）。

三个月后的久安六年十二月，忠通从摄政转任关白，这是因为十二岁的近卫天皇在当年正月已元服成人。而没能取得摄关之位的赖长开始积极游说鸟羽院，最终在久安七年（1151）取得内览之权。内览之权在实质上与关白等同，赖长因此取得了与关白忠通对等的地位。

对忠实、赖长父子而言，获得内览之权确实是一大胜利。但兄弟并列关白、内览的情况也昭示着摄关家已彻底分裂，无论最终哪一方取得胜利，摄关家的权势都将衰败下去。此外，因为忠通、赖长兄弟为取得胜利不惜依附于院政权力，摄关家的命运已被鸟羽院掌握在股掌之间。更有甚者，藤原忠实为在政治斗争中占据先机，不惜在京都出动武士，开启了一个极为危险的先例。这一做法如毒品一般，一旦使用了一次之后便无法停息，令摄关家的权势

176

越来越依赖于武士的支持，也令京都大踏步地走向被武士
蹂躏的时代。

连锁失策：倒台的忠实与赖长，
中途插手的源为义

　　此时，一桩偶然事件加速了摄关家的衰落。近卫天皇
突然罹患眼病，乃至无法出席朝廷仪式，最终于久寿二年
（1155）七月病逝，终年十七岁。因膝下无子，近卫天皇
的直系皇统就此断绝，忠通和赖长送养女入后宫的竞赛也
变得毫无价值。

　　问题不只在于此。近卫天皇驾崩一个月后的久寿二年
八月，京中突然有传言称一名巫女被近卫天皇的灵魂附
身，控诉"去年有人在爱宕山天公像的眼睛里打入钉子，
诅咒我患眼疾而死"。鸟羽院派人去爱宕山实地调查后，
确实发现神像的眼睛上被人打入钉子。近卫天皇的生母美
福门院与藤原忠通怀疑此事为忠实、赖长父子所为，引起
了巨大的风波（《台记》）。美福门院因痛失爱子而失去理
智，她的疑惑与憎恶之情也影响了鸟羽院。早在四年前的
仁平元年（1151），忠通就曾向鸟羽院举报"赖长曾提到
近日近卫天皇将让位"，试图煽动鸟羽院对赖长的猜忌之
心（《宇槐记抄》八月二十日条）。这两起事件互相叠加，

177

让鸟羽院开始憎恨忠实与赖长父子。

近卫天皇的异母兄雅仁亲王最终被选定为下一任天皇，是为后白河天皇。雅仁在弟弟近卫天皇驾崩后才被视为天皇人选，可见当时的决策者认为雅仁并无人君之相，但雅仁的儿子守仁亲王是美福门院的养子，而美福门院希望让守仁继任天皇。鸟羽院虽然也同意这一想法，但因为守仁不能在父亲雅仁即位前成为天皇，便决定让雅仁作为临时的中继者即位，然后尽快让位于守仁（《山槐记》永历元年十二月四日条）。

在后白河天皇的朝廷当中，被美福门院所憎恨的藤原赖长没有立足之地。忠通在后白河践祚（确定继承皇位）的同时再次担任关白，但藤原赖长没能连任内览。两个月后的久寿二年十月，失去耐心的藤原忠实一度向鸟羽院催促，鸟羽院虽对他表示理解（《台记》），最终仍未满足忠实的诉求。忠实、赖长父子因此失势。

不过，近卫天皇死后的政界动荡并未就此结束，而是在忠实、赖长父子倒台后进一步激化了——贵族间的倾轧点燃了武士之间的矛盾，成为源氏内讧的导火索。

就在藤原赖长得知美福门院和鸟羽院将近卫天皇的早逝归咎于自己与父亲忠实的诅咒的当天，从武藏国传来了源义贤被兄长源义朝之子源义平所杀的消息（《台记》）。这两则消息表面上看只是碰巧在同一天传到赖长耳中，但

178

这恐怕不是偶然。上述两起事件很可能是同一起事件的两个表征，它们的背景便是源氏的分裂。

源为义作为源义家的嫡孙继承了源氏首领之位，担任检非违使、左卫门尉的要职，是鸟羽院政时期维持京都治安的一方势力。无论是为了重振内讧频仍、日趋衰落的源氏，还是为了与如日中天、成为新一代武士阶层代表的平正盛、平忠盛父子匹敌，源为义都应发挥自己的领导力，将源氏的力量整合起来。但事实正好相反：源为义和自己的嫡子源义朝之间爆发了冲突。

未能化解这一矛盾的源为义此时颇为不明智地效忠于藤原忠实，以武力直接为他服务。摄关家与源氏之间的主从之礼可以追溯到摄关政治的鼎盛时期，这本身并无问题。然而，此时摄关家已然一分为二，源为义在这场纠纷中没有保持中立，而是倒向忠实一方，将这场原本与源氏没有瓜葛的纷争引入源氏内部，无谓地滋生了更多分裂与冲突。更糟糕的是，源为义在这场斗争中站错了队。

在这场摄关家内讧当中，藤原忠通时刻保持守势，经常以被害者自居，舆论也因此对忠通更为同情，大多数人认为藤原忠实以父权为后盾无理欺侮忠通，试图夺走他的正当地位。除此之外，忠通也通过美福门院的关系与鸟羽院政联手，而忠实和赖长父子选择采用过激手段以达目

179

的，这当中就包括派源为义以武力强占东三条殿。这一做法无疑太轻率了。

藤原忠实以武力夺取东三条殿，无异于宣告"只要名正言顺，摄关家内部的问题可以通过武力解决"。然而，如果问题真的取决于武力强弱的话，能够将最强的武士拉入旗下的一方便更有胜算。白河院曾一手确立了将武士统辖在"治天之君"旗下的机制，现在继承了这一指挥权的鸟羽院宠爱美福门院，而美福门院又站在忠通一方，只要这三者之间的联系依旧紧密，鸟羽院政体制下实力最强的武士们便不会站在忠实一方。即便在鸟羽院去世之后，最有实力的武士大多也聚集在美福门院一边，当保元之乱爆发时，他们便组成了后白河天皇一方的队伍。在这样的格局下，崇德上皇和藤原赖长自然无法吸引多少强大的武士加入自己的阵营。

因源为朝事件而失去支持的源为义：
源义亲之乱的重演

就这样，源为义站在了被排挤的藤原赖长派一边。源为义膝下有众多儿子（据说多达 23 人），他把这些儿子派到各地扩张领地、征集部下，以扩大势力。据说，源为义曾多次到近江国访问佐佐木氏（与出身源氏、更为著

180

名的佐佐木氏不同，这个佐佐木氏是被称为"本佐佐木氏"的古老氏族的后裔）的据点，要求他们送出一个儿子给自己当部下，最终得到了满足（《散位源行真申词记》）。源为义也让自己的儿子们模仿这一做法，将长子源义朝派到房总半岛和相模国的镰仓，将次子源义贤派到武藏国，将四子源赖贤派到信浓国，将八子源为朝派到九州，以壮大源氏的势力。

然而，源氏一族似乎不懂得"前车之鉴"的道理。留在京都的父亲将儿子们派到地方上扩大势力之后，儿子们很快就会脱离父亲的掌控，践踏朝廷的法纪，在地方上凭一己之力施行暴政。这样的事情已在源义家的两个儿子源义亲、源义国（见第三章）身上发生过一次，但源为义没有从根本上解决这一问题，最终重蹈覆辙。

结果，源义朝的八子为朝不出意外地在九州各地胡作非为，重演了源义亲之乱的局面。源为义也因未能遏制源为朝的暴行，在久寿元年（1154）十一月被朝廷追究责任，失去了右卫门尉的官职（《台记》）。在这之后，源为朝在九州仍不收敛，朝廷不得不在久寿二年（1155）四月下令禁止九州当地人与源为朝勾结（《百炼抄》）。在第二年即保元元年（1156），源为朝回到京都应对即将爆发的战事，但也不过是找了个更有趣的战场继续胡作非为。连这样的不法分子也被藤原赖长招揽，可见他此时有多么孤立无援。

181　　与此同时，源义朝在仁平三年（1153）官拜下野守，时年三十一岁。到源义家为止，源氏历代都以就任受领国司为扩大势力的不二法门，现在源义朝终于爬到了这一高度，但其父源为义一生都与此无缘。

　　值得注意的是，源为义在源义朝就任下野守一年后就因源为朝的问题被朝廷免官。和源义亲之乱时一样，儿子于地方上胡作非为，致使父亲被追责，其间必须花时间调查案情、说明情况。如此算来，朝廷就源为朝问题追究源为义责任的想法应当也萌生于一年之前。由此可见，鸟羽院此时已打算撇开源为义，直接提拔其长子源义朝取代他的位置。像这样将不服从于自己的人赶下台、强行扶持其子上位的做法和当年白河院罢免藤原忠实、提拔藤原忠通的做法如出一辙，可见这是院政时代的常见套路。

源义贤被害事件：鸟羽院、美福门院和忠通的攻势

　　保元之乱中，源义朝加入了后白河天皇一方，除他以外的源为义一族都加入了崇德上皇一方。在与源义朝决裂之后，源为义将仅次于义朝的义贤选为嫡子，但义贤在保

元之乱前一年的久寿二年（1155）于武藏国被义朝的长子义平杀害。源义平以武勇蛮横闻名，拥有"恶源太"的绰号，为人所恐惧（《平治物语》），后来源义贤的遗子木曾义仲与源义平的弟弟源赖朝成为宿敌，其根源也在这起谋杀事件。虽然有观点认为源义贤被害事件只是源氏内部因争夺势力范围而起的冲突，但这件事的内情并非如此简单。182

如前所述，当源义贤被杀的消息传入京都的藤原赖长耳中时，另一个坏消息也在同一天传来，那就是鸟羽院听信美福门院和关白藤原忠通的谗言，认为忠实、赖长父子诅咒了近卫天皇（见页边码第176页）。

藤原赖长在同一天里知晓这两件事只是巧合，但这两件事都发生在近卫天皇驾崩后的头一个月里，显然不是"巧合"就能解释的。诅咒的传闻想必是藤原忠通和美福门院借近卫天皇驾崩之机，为彻底打倒忠实、赖长父子而设计的一场攻势。这样一来，美福门院和忠通一方在攻势中自然也不会只针对忠实、赖长父子，而是将他们的手下与盟友也一并打倒。

此时，藤原忠实最为依赖的武士——源为义显然是美福门院和忠通的头号目标之一。不过，源为义本人在一年前已被免官，那么最能打击他的办法就是削去他的手足，即直接消灭听命于他的儿子。身在武藏国的源义

183 平不太可能是凭一己之见决定杀死自己的叔父源义贤的，鉴于源义朝和自己儿子们的关系不错，他应该在这场行动背后有所授意。由此来看，源义朝的背后也有可能存在鸟羽院或美福门院和藤原忠通的影子。无论从事件发生的先后关系还是从当时的政坛形势来看，这样的推论都是合理的。

保元之乱的前哨战：讨伐源赖贤

上述推论并不是单纯的阴谋论，而是可以从其他事件中得到明确佐证的。源义贤被杀两个月后的久寿二年（1155）十月，鸟羽院亲自命令源义朝"去信浓讨伐源义贤之弟源赖贤"。源赖贤和兄长源义贤之间订有"父子之约"（义父义子关系），在源义贤死于非命之后，源赖贤便成了源为义的继承者。与源义朝父子之间有了杀害义父之仇的源赖贤为讨还血债前往信浓国。在此期间，源赖贤不知为何开始侵犯鸟羽院名下的庄园，于是鸟羽院派源义朝前往讨伐（《台记》）。

本打算向源义朝父子讨还血债的源赖贤为何突然侵犯了鸟羽院的庄园？此事的缘由已无从查考，但在此时与鸟羽院直接为敌，实在是极为愚蠢的举动。这可能也是鸟羽院方面对于源赖贤相关的传闻添油加醋之后，用来给源义

朝的讨伐行动正名的借口。这里最值得注意的是鸟羽院本
人命令源义朝讨伐源赖贤这一事实。由此看来，短短两个
月前源义朝一方（源义平）对源赖贤一方（源义贤）发
起的袭击不可能与鸟羽院毫无关系。毕竟，如果源义平在
没有鸟羽院许可的情况下杀害了源义贤，源义朝就会因儿
子扰乱治安而被问罪，更不可能在两个月后受鸟羽院之命
讨伐源赖贤。由此可见，杀害源义贤一事背后一定存在鸟
羽院的影响（至少得到了其默许）。

　　如上所述，在杀害源义贤一事中，美福门院和藤原忠
通互相勾结，利用鸟羽院的权力调动源义朝，以武力削弱
了源为义一派的实力，这一格局与九个月后的保元之乱如
出一辙。如此看来，从近卫天皇驾崩、后白河天皇践祚的
时刻开始，保元之乱的导火索便已被点燃了。无论是杀害
武藏国的源义贤还是讨伐信浓国的源赖贤，都可谓保元之
乱的前哨战。

　　源赖贤在强占东三条殿事件中发挥了关键作用，是当
时一线部队的骨干，也和藤原赖长之间有同性恋关系
（东野治之，1979）。由此看来，鸟羽院下令讨伐源赖贤，
无异于对藤原赖长身边的人发起了间接攻击。可以说，这
就是见载于赖长日记中的鸟羽院对忠实、赖长父子的憎恨
在现实中的体现。

鸟羽院（后白河）阵营在京中戒严，
不断加强控制

藤原赖长本已回天乏术，但又一场突发事件将他彻底逼上了绝境——鸟羽院去世了。

185　　鸟羽院之死成了保元之乱的导火索，正是这场战乱让从"平安京"脱胎而来的"京都"第一次体验了大规模战争的滋味。如同嘲讽那些对死亡与鲜血之"秽"避之不及的平安京贵族一般，武士们给京都带来了尸山血海，也在京都的历史上留下了惊天动地的一笔。这一切甚至并非源自武士自身的意愿，而是在以院政和摄关家为代表的朝廷的许可乃至怂恿下发生的。朝廷在此战中让京都被武士的法则所支配，并从此覆水难收。

保元之乱是武士们在十余万京都居民的注视下发起的一场左右日本政局走向的大决战。一个名叫平信范的朝臣曾亲眼见证了事态的全部经过，在自己的日记《兵范记》中留下了详细的记录。接下来，笔者将通过这份珍贵的历史记录，讲述京都在武士的手中迎来了怎样的结局。

保元元年（1156）五月下旬，长期为病痛所苦的鸟羽法皇开始断食。五月三十日，朝廷停止了所有祝鸟羽法皇长寿的祈祷活动，开始做"御万岁沙汰"（临终准备）。

六月上旬，鸟羽法皇病情"危急"，六月十二日，美福门院出家，但这不是为了祈求延长法皇的寿命，而是为他祈求后生安乐、往生净土，也是临终的准备之一。

六月一日，病危的鸟羽院将武士召集起来，命源义朝、源义康（义国之子、义家之孙）守卫后白河天皇的内里高松殿，命源光保、平盛兼等人率"源氏、平氏之辈"守卫院御所鸟羽殿。一个月之后，平信范回顾此事时认为，这都是鸟羽院听到崇德上皇与左大臣藤原赖长"同心"（联手）准备起兵的传闻之后做出的安排。换言之，鸟羽院已经预见到将在一个月后爆发的保元之乱。

七月二日，在云集的源平两家武士的拱卫下，鸟羽院离开人世。随后，朝廷一方面举行葬礼法会，另一方面加强了武装戒备。三天后的七月五日，后白河天皇下令"京中武士不得妄动"，这一命令旨在阻止武士在地方和京都之间流窜，并将除内里卫兵之外的所有武士从京中赶出。

接下来，为加强戒备，朝廷召平基盛（平清盛之子）、平惟繁、源义康等人进入内里。次日，平基盛便在京都东山一带的法住寺（在鸭川以东的七条大路东延线上，距今天的三十三间堂不远）附近逮捕了企图入京的源亲治。源亲治出身于大和源氏，其祖父便是曾与兴福寺发生冲突，并在山门强诉时无情镇压众徒的源赖治。朝廷

186

怀疑此人图谋入京，可能是为此时正在宇治蛰居的藤原赖长上京做前期准备。

两天后的七月八日，后白河一方有了大动作，源义朝军受命夺回了东三条殿和东侧收藏有朱器台盘等宝物的御仓町。这一命令应当是后白河天皇背后的美福门院、藤原忠通以及后白河天皇乳母的丈夫信西下达的，其中的主谋应是有着最强动机的藤原忠通。强占东三条殿、夺取朱器台盘本是忠通之父忠实让源为义使用的手段，现在忠通也以其人之道还治其人之身。

不过，和藤原忠实不同，藤原忠通无法利用"悔返"的习惯法为自己的行为提供正当名义，只能将这场行动冠以"没官"（充公）之名。虽然是非常时期的非常手段，忠通的做法仍开创了一个先例，即把原本只在摄关家内部分配的家主信物变成了可被朝廷没收乃至转让的物件。

源义朝在强占东三条殿时，发现一些宇治平等院的僧人正在府邸内"修秘法"（密教僧人的秘密诅咒仪式），在查问之后得知他们近日来奉赖长之命，一直住在东三条殿。这一发现让舆论普遍开始怀疑，赖长正在暗地里图谋不轨。

崇德上皇方的军事动员并非叛乱，而是自卫

第二天（七月九日），崇德上皇也有所动作。在鸟羽

院临终之际的六月三日，崇德上皇曾为探望病情来到鸟羽
地区一座名为田中殿的宅邸中逗留，但在七月九日这一天
突然转移到白河北殿，事先并未通知他人。白河北殿是崇
德上皇之妹统子内亲王（院号"上西门院"）的御所，但
因统子内亲王七天前搬到了鸟羽，暂时无人居住，被崇德
上皇强行占据。随后，平忠正（平忠盛之弟）、平家弘、
源为义等被鸟羽院政时期的主流派系排挤的武士也纷纷被
召集到白河北殿，集结成军。

　　和这些武士一样，崇德上皇也是鸟羽院政的受害者。
鸟羽院怀疑崇德上皇为待贤门院与白河院（鸟羽院的祖
父）私通所生，对他甚为厌恶，还曾令崇德将皇位让与
确实由自己所生的皇子（近卫天皇）。

188

　　即便如此，直到鸟羽院去世之前，崇德上皇也未做过
任何令世人起疑的不轨之事，在保元之乱期间自始至终也
没有任何发动武装政变的迹象，只是"召集了军队"而
已，无法构成叛乱的罪证。毕竟，当初是后白河天皇一方
率先召集了军队，而这一决定最早还可追溯到临终前的鸟
羽院。

　　鸟羽院和后白河天皇的动员令或许确实是为了增强戒
备以防万一。但崇德上皇出逃白河北殿，也许只是因为目
睹军队在内里陆续集结，担心自己将遭其袭击，所以在恐
慌之下离开鸟羽避难。如此看来，崇德上皇召集武士也只

是出于疑心，目的只是自保而已。

然而，藤原赖长也在七月九日离开宇治，到白河北殿与崇德上皇会合了。此时藤原赖长尚未洗脱谋反（诅咒近卫天皇）的嫌疑，他的参与让舆论对崇德上皇的印象趋于恶化。平信范在日记中记载崇德上皇一方的武士企图挑起"合战"，崇德上皇本人也与赖长达成共识，开始做战前准备，但这些说法的可信度存疑。支持后白河天皇的平信范不太可能准确把握崇德上皇一方的内部情况，这段文字应只是转述了别人的猜测或当时流行的传闻。

189　　此外，藤原赖长也缺乏举兵作乱的动机。毕竟，他是被誉为"日本第一的大学者，兼通和汉之才"（《愚管抄》）的儒学大家。如前所述，为儒家确定伦理体系的"礼"思想极为重视子女对两亲的"孝"和臣下对君主的"义"。因此，潜心儒学的赖长应不会违背"义"的原则，以臣下的身份起兵反对天皇，他也只是把后白河天皇一方的军事动员视为针对崇德上皇和自己的行动，为防不测前来寻求庇护，并把较为薄弱的己方兵力（源为义等）集中起来而已。

藤原忠通之子慈圆写作的历史书《愚管抄》也可为上述推论提供佐证。《愚管抄》是在保元之乱数十年之后基于当事人证言撰写的著作，其可靠性略高于仅反映后白河天皇一方观点的平信范日记。根据《愚管抄》记载，源为义曾指出在白河北殿被动迎敌的不利，主张应向东撤退重整态势，但被藤原赖长以"当前事态不会有变，不可妄动"为由驳回。赖长的态度消极而平静，实在没有打算立刻发兵起事的样子。

源为义的提议也值得注意。其大意如下："我所能动员的不过几个儿子而已，源氏的部下都已投靠义朝与我为敌，实在是寡不敌众。如果消极待战，我方无法却敌。但若能立刻离京前往宇治，将宇治桥拆掉，或许能拖延一些时间。倘若宇治也不行，就请再移驾近江，以甲贺山为倚靠，可逃可守，也可等待坂东武士前来增援，然后一战。如果坂东武士未能及时赶到，也可直下关东，在足柄山设隘固守，坂东之地不乏世代效忠源氏的部下，我为义在那里可一呼百应。"

源为义的发言中毫无积极进攻之意，这一点值得我们留心。源为义考虑的只是"假如后白河天皇一方来袭，我们应如何防备、逃走、寻求生存"，可见崇德上皇与藤原赖长一方召集军队的目的只是自卫。

保元之乱的本质：在互相猜疑之中，
后白河天皇一方率先发难

然而，崇德上皇召集军队的举动被他的对手们当成了

京都的诞生：武士缔造的战乱之都

"起兵谋反之心昭然若揭"的证据，并给了他们发起袭击的口实，这一点确实是崇德上皇一方的失策。相比之下，后白河天皇一方的表现精明得多，他们一口断定"崇德上皇与藤原赖长企图谋反"，决心在政治上将其彻底消灭。如果要采取强硬手段，他们也深知兵贵神速的道理，为扩大胜算不惜发动奇袭，思维冷酷而务实。

191　　　后白河一方的决断背后有着信西的身影。信西（藤原通宪）出身于藤原南家①的学者门第，在后白河天皇执政时期一跃成为政坛红人。信西早年只是个勉强担任过少纳言和受领的中级廷臣，但他学识卓越，曾被《愚管抄》誉为"拔群之学者"，在世人当中几无差评。自视甚高的著名儒学者藤原赖长曾感叹信西"才余于世，世不尊之，此天亡我国也"（《台记》康治二年八月五日条），鸟羽院也曾私下吩咐信西主持修史事业，继《六国史》②以后编纂新的官方史书。笔者的旧著《大而无当的平安京》曾

---

①　藤原南家为藤原氏之一支，以藤原镰足之子藤原不比等的长子藤原武智麻吕为祖。信西（藤原通宪，信西为出家后的法号）之曾祖父藤原实范、祖父藤原季纲曾担任大学寮长官大学头，是精通汉籍的儒官，但信西本人因早年丧父，被姻亲高阶氏收养，因此也姓高阶。

②　古代日本朝廷六部官修史书的统称，包括成书于奈良时代的《日本书纪》和成书于平安时代的《日本后纪》《续日本纪》《续日本后纪》《日本文德天皇实录》《日本三代实录》，记录了自神话时代至光孝天皇（884—887年在位）执政时期的历史与传说。

对信西的理性主义精神和渊博的学识有所介绍，这位天才如果能活得更久，一定能彻底改变中世日本的面貌。

崇德上皇一方企图挑起"合战"的说法只是后白河天皇一方的臆测而已，但信西等人深知等臆测证实之后再动手便为时已晚，决心在此之前先下手为强。在得知崇德上皇正于白河北殿召集武士之后的第二天（七月十日）凌晨时分，后白河天皇一方决定立刻着手夜袭白河北殿，保元之乱就此爆发。

如此看来，保元之乱显然只是崇德与后白河两阵营之间因互相猜疑不断升级而爆发的冲突。双方都担心遭到对方偷袭，因而加强了戒备，这一举动反而在对方心中激起了过度的警惕意识，陷入了越对峙越怀疑的恶性循环。随着崇德上皇一方开始召集军队，后白河天皇一方终于按捺不住，战斗因此爆发。

192

"武者之世"源于院政的权力真空：
京都沦为武士们的战场

近卫天皇死后，雅仁亲王于高松殿践祚成为后白河天皇，随后便将高松殿当作自己的内里。高松殿北接三条坊门小路，东临町小路，南靠姊小路，西沿西洞院大路，占地一町（见图8），在今天京都地铁乌丸御池站以西约

300 米处，在祇园祭山车最后一次拐弯南行的御池通与新町通交叉口西南方。在高松殿北边，越过三条坊门小路（今御池通）便是东三条殿。保元之乱时，后白河一方的军队就是在高松殿集合的。

与此相对，崇德上皇与藤原赖长集结军队的白河北殿是元永元年（1118）建成的一处两町见方的宅邸，规模巨大，最初是白河院的御所，南接大炊御门大路在鸭川东岸的东延道（见图 8），今天的平安神宫在其故址西南侧，左京区"冈崎北御所町"的地名以及它的前身"御所之内"里的"御所"指的就是白河北殿。崇德与后白河两军以这两处御所为据点，隔鸭川对峙。但在七月十一日凌晨时分，大队武士从高松殿出发，趁夜色渡过鸭川袭击了白河北殿，由此爆发的战斗与此前不时在京都发生的武士斗殴不同，是一场货真价实的大战。

《愚管抄》记载："迄鸟羽院之时，关东、镇西虽时有叛乱发生，世间不曾有王臣构衅于都城之内，此诚羞惭悲哀之极。"也就是说，直到鸟羽院离世以前，虽然在坂东、奥羽和九州等地发生过一些动乱，但君王与重臣在"都城之内"开战却是从未有过的事，如今都城化为战场，真令人无比悲伤。这便是保元之乱在本书主题下的最大意义。

保元之乱的战场——白河北殿并不在平安京内。然而，曾亲自参与保元之乱的藤原忠通的儿子、《愚管抄》

的作者慈圆在自己的著作中将这场战斗称为"都城之内"的战斗，这无疑表明此时的平安京（左京）已与白河连成一体，将这整个都市称为"都城"的观念已固定下来。此外，在上述引文之前，《愚管抄》还曾有一句著名的评语："鸟羽院薨后，日本国乱逆纷起，终于进入了武者之世。"换言之，慈圆在回顾历史时认为，自鸟羽院死后，日本迎来了以保元之乱为首的一连串叛乱，历史终于进入了以武士为主角的时代。如果将两段文字结合起来便不难看出，"武者之世"对京都而言就是"沦为武士的战场、被武士不断蹂躏的时代"，其中的第一场战斗还是在掌握了鸟羽院政体系下各路人脉关系的美福门院的默许之下，因关白和天皇近臣的指示而爆发的。因此也可以说，"武者之世"是一个"朝廷凭武士的武力解决政治问题，在必要时不惜于京都发起战斗，摧残城区的时代"。

194

这里值得注意的是，保元之乱是在鸟羽院去世之后爆发的。在鸟羽院健在时，京都的武士没有发起任何攻击性行动，反而是在鸟羽院去世、后白河天皇开始亲政之后，院政权力暂时出现空档，才让保元之乱骤然爆发。因此，保元之乱并非一场因院政而起的战乱。此外，后白河天皇一方的两名主导者中，一个是代表了摄关政治的藤原忠通，一个是既不遵循院政模式（反理性主义的任性统治）也不采用摄关政治模式，而试图将复古主义与现实情况相结合，根据中世的新形势建立以天皇为主导的政治体制的信西（《大而无当的平安京》）。

在鸟羽院政结束之后突然爆发却又缺乏院政色彩的保元之乱可以说是对院政体制的一场总清算。归根结底，崇德上皇之所以陷于孤立，都是因为专横的白河院染指自己的孙媳妇。藤原忠实、藤原赖长父子与藤原忠通之所以发生冲突，根源也在白河院对藤原忠实的打压。因这些事件而起的怨恨与矛盾不断累积，在院政的重压之下一时隐忍不发，但随着鸟羽院去世、压力彻底消失，它们必然爆发出来，点燃了保元之乱的战火。

从开战到决胜负：
火攻白河北殿与藤氏长者的更迭

保元元年（1156）七月十一日，600骑武士在凌晨时分奇袭白河北殿。其中，源义朝率200骑自西向东沿大炊御门大路（今竹屋町通）进攻白河北殿正门，平清盛率300骑沿大炊御门大路以南两町的二条大路进发。源义朝军规模不及平清盛，但承担主攻任务，是官军①的主力，平清盛所部则负责策应。此外，源义康也率100骑沿大炊

----

① 即后白河天皇一方的军队。

御门大路以北四町的近卫大路东进，袭击白河北殿的后方。
源赖政、源重成、平信兼等人的部队随后也加入了战斗。

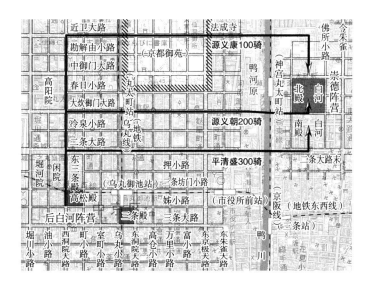

图8　保元之乱的战场（图中标出了京都御苑与铁路路线以供参考）

　　十一日辰刻（上午八时前后），后白河天皇一方在大
本营高松殿看到了东方升腾的火苗。官军不惜以京都为战
场放手一战，在城内断然发起火攻。而火攻的地点正是设 196
有六胜寺和得长寿院等诸多佛寺堂舍，聚集了院政时代诸
多财富与荣光，由白河院一手经营起来的白河地区。白河
地区的火光为"武者之世"迎来了极具象征意义的开场。

　　发动火攻之后不久，战斗便决出了胜负。崇德上皇一
方四散奔逃，官军在扫荡、搜捕残敌之后，于午刻（正

午十二时前后）回到高松殿，后白河天皇亲自慰劳了主将平清盛与源义朝。

保元之乱当天，后白河天皇下达了任命关白藤原忠通为藤氏长者的宣旨。氏长者的人选本应由氏族内部讨论决定，如今却由天皇的旨意定夺，这一前所未有的事态令平信范感到惊讶。

由天皇指定藤氏长者看似标志着摄关家对天皇家的彻底服从，但这一过程早在白河院政时期便已开始。此外，这份宣旨也并不是后白河天皇自上而下的单方面指示。根据中世古文书学的常识，公权力者向特定个人发文赐予利权时，首先需要受益人提出申请，经审查之后才能正式下达。因此，藤原忠通只是趁战斗胜利之机，请求天皇以文字形式正式承认世所公认的藤氏长者人选，在法律上彻底解决忠通与赖长的兄弟之争。他之所以能采取反常但正当的手段，请朝廷介入藤氏长者人选问题，是因为藤原赖长犯下了"藤氏长者造反"这一前所未闻的罪行。如果氏族的长者谋反，朝廷当然有权将他的头衔剥夺，也应将其剥夺。

战后被处死的败军之将

保元之乱分出胜负当天，朝廷发布了一系列重大人事调整。平清盛叙任播磨守，源义朝叙任右马权头[①]、获准内升殿（见页边码第 124 页），源义康也获准内升殿。

与曾作为藤原忠实的私人武装强占东三条殿的源为义不同，源义朝在保元之乱期间响应鸟羽院的院宣起兵，奉后白河天皇之命参战。随着藤原忠实、藤原赖长父子和源为义在战斗中落败，摄关家不再拥有私人武装，源氏开始从摄关家的控制之下独立，与天皇建立了直接联系。

保元之乱的战后处置十分严苛。崇德上皇在决战后第三日七月十三日投降，十天后被判流放赞岐国，最终死在当地。据传在流放赞岐国期间，崇德上皇曾以自己的血写下五部《大乘经》，愿以此诅咒"天下灭亡"（《吉记》寿永二年七月十六日条）。藤原赖长一度下落不明，但朝廷最终从认识他的人那里得知了实情。赖长在十一日的战斗期间被流矢射伤，随后逃亡西山（嵯峨一带），乘船沿大堰川（桂川）南下，于十三日经淀来到山城国南部的木津一带，虽遣使向隐居宇治的藤原忠实请求庇护，但被藤原忠实拒绝（忠实本人随后逃往南都奈良），最终于十四日死去，并被就地埋葬。 198

崇德上皇得到的最终处分是流放，藤原赖长在逃亡期间不幸死亡，但战败一方的武士受到了非常残酷的对待。

---

① 源义朝虽被叙任为右马权头，但进言说自己资历不足，最后实际叙任的是左马权头。

判决崇德上皇流放赞岐国五天后的七月二十八日，朝廷首先命令平清盛在六波罗附近将叔父平忠正及其子平长盛、平忠纲、平正纲与部下斩首。平氏俘虏的处决由平清盛亲自执行，刑场也设在平氏的根据地六波罗，后白河天皇一方借此表明了"家中的叛徒尽可能由一家之长处置"的方针。此外，六波罗本就靠近自古以来被用作殡葬之地的鸟边野，这也可能是将那里选为刑场的一个重要原因。因为处刑会产生"秽"，所以刑场最好设在专门用于承载死者之"秽"的地段附近。

两天后的七月三十日，平家弘及其一门（平康弘、平盛弘、平时弘、平光弘、平赖弘、平安弘等）在京都西北方的大江山被斩首，主持行刑的不是出身平氏的平清盛而是源义康，这可能是因为源义康的族人中无人加入崇德上皇一方，而平清盛与平家弘一门的血缘关系太远（平清盛祖父的祖父是平家弘曾祖父的兄弟），很难算作同族。大江山位于山城国与丹波国的交界处，是在东西南北方阻断外界的"秽"进入平安京的关口（"四堺"）之一。朝廷显然也是为了减少流入京都的"秽"才将其送到那里处决的，刑场想必也设在丹波国境内。

同日，源义朝在京都北方的船冈山将父亲源为义和弟弟源赖贤等人斩首。船冈山麓有一处名为莲台野的地方，自古以来也被用于殡葬（见图1），选择在那里行刑的原

199

因应与六波罗类似。

因为六波罗是平清盛一家的根据地，在那里行刑不会被多少平家以外的人看到。船冈山是位于平安京中轴线朱雀大道北方的一处小高地，此时还未成为城区的一部分，也不会有很多人围观。至于大江山，因为远在桂川西岸数公里以外的丹波国境，在那里行刑同样不可能吸引京都居民观看。总之，这些行刑都不具备表演性质，而是在人迹罕至的地方快速完成的。

被处决之后，武士们的首级也没有被公开示众。史料中毫无"悬首狱门"的记载。根据《保元物语》的说法，当时因鸟羽院去世后的丧期未满，行刑者在斩下首级之后便当场将之丢弃了。保元之乱后对于朝廷公敌的处决最终没有被大肆宣扬，毫无演出性可言，与之前历代源氏武士讨伐朝廷公敌（平忠常之乱、前九年合战、平师妙之乱等）、携首级与俘虏堂皇入京的凯旋式截然不同。这可能是因为朝廷与京都人只想看已被斩下来游街的叛贼头颅，并不想目睹将活人斩首的场面。

将武士社会的死刑习惯带入
公权力领域的"武者之世"

后白河天皇命检非违使源季实检验了源为义的首级，

200 这或许是因为担心源义朝不愿处死亲生父亲并暗中安排他逃亡。虽然这一担忧最终没有成为现实，朝廷对如此众多的犯人执行死刑在历史上确实是异常现象。自大同五年（810）藤原药子之变期间射杀药子之兄藤原仲成以来，日本在长达三个半世纪里没有判处囚犯死刑的先例。此外，根据《保元物语》的说法，因为此时鸟羽院丧期未满，朝廷公卿还曾建议对被俘虏的武士判处流放之刑。

事实上，如本书之前所述（见页边码第36页），自将门之乱以来，朝廷经常以"追讨"为名对地方上的叛乱者判处死刑，但这些判决都是在派兵讨伐叛乱者之后，以在战斗中消灭抵抗者的形式执行的，失去了抵抗能力的俘虏和投降者都不在被处决之列。虽然朝廷并未彻底废除死刑，"不对被逮捕的嫌疑人判处死刑"仍作为一种通用惯例，让朝廷免于做出死刑判决。但在保元之乱中，朝廷虽没有更改法律条文，却变更了司法逻辑。那么，这一戏剧性变化为何发生呢？根据《保元物语》的说法，信西驳斥了主张流放俘虏的公卿们的意见，主张"非常之际当由陛下临机决断。倘若把这些叛徒流放到其他诸国，日后必成大患，所以应当处死"，后白河天皇认为此言有理，于是下令判处死刑。

然而，这样的说法并不合理。信西也是一名杰出的儒

201 学者，一定会重视礼法思想，而礼法思想最强调"孝"

这一原则，绝不允许儿子杀害父亲。因此，儒学者信西不可能刻意安排源义朝为自己的父亲源为义行刑，犯下人间最为不孝的恶行。那么这一决定只有两个可能的解释：要么是信西抛弃了儒学者的身份，要么是这场大规模处刑不是他的提议。因为信西和他的儿子们在保元之乱后仍有作为"学生"（儒学者）活动的记载（见下文），所以第一个解释不成立，由此看来，这场大规模处刑不可能是信西提出的。

那么，提出这一想法的人是谁呢？此时的后白河天皇仍是美福门院、藤原忠通和信西手中的傀儡，从史料记载上看也非嗜杀之人，不会置世间舆论于不顾、敢于断然判决死刑。美福门院一方面在性格上同样不喜杀戮，在后白河院阵营中也只扮演了精神领袖的角色，没有任何迹象表明她曾积极干预过后白河一方的军事决策。藤原忠通同样不可能：虽然有一些观点（角田文卫《平安时代史事典》，1994，"藤原忠通"词条）认为藤原忠通是阴谋家，但也没有迹象显示他的性格足够刚硬，能提出并决定这一极为残忍的处置方式。

所以，谁才是大规模处刑的真正发起者？无论从排除法还是从必然性推论，发起人一定是一名武士，其中源义朝的嫌疑无疑是最大的。

在平安时代，朝廷从不执行死刑，但武士并非如此。传说在白河院政时期，平忠盛手下一个名叫加藤成家的武士猎取野鸟，违背了白河院的杀生禁令，受到查问。加藤成家抗

辩道："我家主人忠盛吩咐我每天为夫人祇园女御供应新鲜

鸟肉，若有怠慢就要重罚。朝廷的刑罚再重也不至于处死，

但根据'源氏平氏的习惯'，'重罚'就是斩首。"据说白河

院听了这番辩解也吃了一惊（《古事谈·王道后宫》）。

　　"叛徒就要被处死"是根植于武士社会的独有的习惯

法。日本的贵族社会内部绝不可能产生将业已投降的叛乱

者处死的想法，因此这一观念很可能是被武士引入朝廷判

决的。在保元之乱数年前，源义朝曾与源为义和站在源为

义一边的弟弟们发生激烈冲突，一度扬言要杀死其中两

人，并确实杀害了其中一人（见页边码第 182 页）。源义

朝很有可能为彻底了结这桩冲突而提议将俘虏全部处死，

并主张同样如此对待平氏的俘虏。

　　这样一来，朝廷和京都也开始被武士社会残酷的习惯

法所影响。在此之前，从来都是武士适应京都和国家权力

的运作方式，但以保元之乱为契机，京都和国家权力的运

作方式开始根据专属于武士的思维与作风而改变，这就是

所谓"武者之世"的到来。

后白河与二条的矛盾，信西一家掌控朝政，藤原信赖登场

　　为赢得权力斗争不惜在京都发起破坏性战争的先例在

开启之后立刻招来恶果。这一回，源义朝竟为了自己的利益，亲自在京都挑起了战争。因为相关史料极为缺乏，源义朝发起的平治之乱极难考证，堪称学界罕见。近来还有学者对既有研究进行了细致的重新审视，再次确认了此前关于平治之乱的叙述在证据上过于薄弱，充满臆测成分（古泽直人，2018）。虽然我们无法确认平治之乱的真相，但后来重建京都的平家正是因这场战乱而逐步走向巅峰的，因此笔者有必要对这起事件的大概情况进行最基本的说明。

保元之乱两年后的保元三年（1158）八月，后白河天皇按原计划让位，由二条天皇继任。二条天皇的祖父鸟羽院本打算继续施行院政，但因为鸟羽院本人已经去世，计划不得不进行调整。后白河在任天皇期间有过亲政的经验，又是现任天皇的父亲，希望在让位后施行院政，但后白河原本不是鸟羽院指定的继承人，只是在二条天皇即位前充当过渡者。鸟羽院本就希望绕过后白河，直接将"治天之君"的地位传给二条，二条天皇本人也基于这一想法争取亲政。后白河上皇和二条天皇之间的对立将朝廷一分为二，廷臣们分成了后白河院政派与二条亲政派。

在这一局面下，信西始终占据着朝廷政务的枢要地位。关白藤原忠通此时忙于为父亲忠实脱罪，并避免忠实名下的摄关家领地被朝廷当作逆贼财产没收，无法掌握朝

203

政的主导权，在信西面前居于下风。

信西作为后白河乳母之夫主持政务，凭借世所罕见的渊博学识制定并推行政策，是一个富有新意的政治家。他的学问以儒学为基础，涵盖了算术乃至音乐，既具备出色的分寸感，也拥有务实理性的思维。信西执政时致力于重修院政时代逐渐荒废的大内里，为此独自承担了设计与施工任务，终于在二条天皇即位时完成了重建（《大而无当的平安京》）。

信西的长子藤原俊宪曾担任过执掌太政官文书工作的要职权左中弁，后升任参议，开始参与太政官的决策工作。他的次子藤原贞宪也曾担任过权右中弁，实现了弁官定员七人、兄弟并列其二的局面。史料记载，俊宪兄弟"才智、文章诚逸于常人，依延久之例兴立记录所"，即效仿后三条天皇时代的先例，主持设立"记录所"，推行庄园整理政策①。两兄弟的才干不在其父之下，信西也借由他们的帮助得以主导政务。后白河对信西也无比信任，甚至达到了"世间万事皆取决于信西入道"的地步，信西也被称为"天下之执权"，确立了自己的政治权力。

---

① 指对寺社、大贵族等势力名下的庄园进行审查、登记，明确利权归属、疆域范围和土地情况，取缔非法立庄行为的事业，以后三条天皇延久元年（1069）发布的庄园整理令最为著名。负责处理庄园审查调查工作的机构名为"记录庄园券契所"，简称"记录所"。

此时，一个名叫藤原信赖的青年对信西的权势产生了"嫉恨之心"。信赖的祖父基隆和父亲忠隆曾在白河、鸟羽两位上皇身边担任院近臣，生前历任诸国受领，积累了大量财富。后白河上皇与信赖之间有同性情人关系，"宠爱之甚惊人"，信赖也因此被提拔为中纳言、右卫门督。然而，藤原信赖的升迁与信西一家的权势产生了冲突。

此时，源义朝曾请求招信西之子藤原是宪为婿，被信西以"犬子乃学者，不可为汝作婿"为由回绝，但信西的另一个儿子藤原成范却与平清盛之女结亲。源义朝以此为耻，开始对信西怀恨在心。记载上述事情的《愚管抄》作者慈圆也对聪明绝顶的信西犯下如此"不慎"的错误感到不解。

为什么信西可以与平清盛结为儿女亲家，却不能让儿子与源义朝之女联姻呢？这两桩亲事的区别既在岳父身上，也在女婿身上。信西曾明确说藤原是宪"乃学者"，但他对成范却没有这样的安排，两者在这一点上便已有了区别。成范与是宪以及诸位兄长不同，是后白河的乳母纪伊二位①的儿子。信西因与纪伊二位的夫妻关系登上政治舞台，纪伊二位的儿子藤原成范是后白河的"乳母子"，也是后白河最亲近的侍臣，他的任官履历和以儒学者、实

205

---

① 纪伊二位的具体情况见本书页边码第 227、228 页。

务官僚为底色的兄长们不同，充满贵公子色彩，曾担任近卫少将、中将等职（古泽直人，2018）。信西应当是打算让成范成为下一任家主。

那么，平清盛和源义朝之间存在何种差别？笔者能够想到的只有血统。源义朝只是武士出身，但时人曾真心相信平清盛可能是白河院的私生子，不然便无法解释他为什么能在数年之后不断升官，乃至成为太政大臣（见页边码第215页）。平清盛在就任太政大臣七年前的永历元年（1160）六月受封正三位，八月就任参议，随后更是飞黄腾达，令时人无法理解。正三位和参议的任命下达于平治之乱结束六个月和八个月之后，前者是"护卫天皇行幸六波罗的犒赏"（《公卿补任》），即对平治之乱战功的奖赏，但后者和在那之后连续升任权中纳言、权大纳言、内大臣乃至太政大臣的经历与战功并无关系。可以说，即便没有平治之乱，平清盛的飞黄腾达也是近在眼前的事，其前兆可能在平治之乱以前便有所显现。信西或许是察觉到了这一点，希望让将来承担全家荣辱的藤原成范得到平清盛的强力庇护，才安排他成为平清盛的女婿。

无论如何，平治之乱的确是以打倒信西一家为目的的政变。源义朝曾在平治之乱期间感慨自己"竟与日本第一蠢货办此大事"，后悔与藤原信赖联手（《愚管抄》），看来两人只是因同样憎恨信西才走到了一起，事先并没有多少周密的考虑。

史无前例的火攻院御所与绑架上皇

源义朝计划袭击信西父子平时所在的后白河院御所"三条殿"，将他们斩尽杀绝。平治元年（1159）十二月九日夜间，源义朝趁平清盛前往纪伊国朝拜熊野神社之机，起兵包围并焚烧了三条殿御所，手法与保元之乱十分相似。

然而，为消灭政敌而火烧院御所这一点非同寻常，肇事者一定对后白河上皇抱有相当大的敌意。源义朝很可能认为"后白河院是信西专权的后台"便将之一并视作敌人。至于凭后白河的宠爱上位的藤原信赖为何也同意袭击院御所，则无从得知了。他或许认为政变成功之后自己不需要后白河的支持也能掌权，但这样的解释仍不合理。由此看来，火烧院御所更有可能是源义朝独自做出的决定。源义朝在院御所内安插的内线源师仲还将身在御所的上西门院统子内亲王与后白河院姐弟二人押上牛车，软禁在大内里一隅。

源义朝之所以敢冒天下之大不韪袭击后白河院，是因为相信二条亲政派会与自己联手。源义朝可能认为，二条

207

天皇亲政是鸟羽院生前制定的正统皇位继承路线，得到了大多数廷臣的支持，而这些廷臣也希望后白河院退出政坛，所以自己发动政变将得到多数舆论的支持。然而，火攻院御所的手段是谁都不乐见的，也不可能被视为正当行为。藤原信赖和源义朝没能想到这一简单的事实，把自己放到了舆论的对立面上。

更糟糕的是，源义朝军完全没能抓住政变的主要目标——信西父子，这样一来义朝的行动就只是"袭击院御所"而已。信西与少数随从在逃往大和的途中放弃逃亡，在地上挖掘洞穴藏匿之后自杀，尸体后被源光保发现，首级也被取走。

袭击院御所八天后的十二月十七日，信西的首级在鸭川河滩上被交给检非违使，"沿大路游行，悬于西狱门前树上"（《百炼抄》）。长期以来，朝廷经常将敌人的首级挂在狱门前示众，以此向都城的人们展现朝廷常胜不败，但这次悬挂在狱门前的却不是朝廷公敌的首级。此时的狱门已不再是宣示朝廷正义性的场所，而是沦为宣告权力斗争结果的公告栏。此外还有一处令人在意的细节——出家的信西已经剃光了头发，不知他的首级是怎样挂在树上的。

藤原信赖在控制了二条天皇之后入住大内（本来的"内里"，位于大内里之内），在那里擅自任免人事，将信西一派全部解任，任命源义朝为播磨守，位阶升为四位。
后来开创镰仓幕府的源赖朝（源义朝三子）时年十三岁，
也被任命为右兵卫权佐。当然，这些任命都是不正当的。

平清盛的大逆转和京都城内的"剧场型战争"

平清盛在参拜熊野神社途中得知京中有变，在纪伊国
当地的武士汤浅宗重与熊野别当湛快的帮助下紧急整军，
于十二月十七日回到京都。此时，京都的二条亲政派贵族
正打算从藤原信赖手中夺回二条天皇，二条天皇的伯父、
时任权大纳言的大炊御门（藤原）经宗和检非违使别当、
叶室（藤原）惟方首先采取了行动，其中惟方是鸟羽院
临终时为二条安排的托孤之臣。

藤原经宗、藤原惟方二人与平清盛取得联系，确
定了合作关系，随后于二十五日果断采取行动。平清
盛在二条大宫附近纵火，吸引信赖、义朝一方的注意
力，宫中的内应趁机让天皇以女官的牛车为掩护逃走，
可见平清盛一方为取得胜利也不惜使出非常手段，将
京都化为战场。

平清盛向藤原信赖一方递交了表示臣服的名簿（写
有本名的文书），让信赖麻痹大意，以为唯一能阻挡政变
的平清盛也站在自己一边。趁此机会，平清盛与天皇近臣

一道，将二条天皇迎入自己在六波罗的府中保护起来。

与此同时，看守后白河上皇与上西门院的力量薄弱，藤原惟方趁夜色将两人救出，带到了六波罗。随后，美福门院、前关白藤原忠通和时年十七岁的忠通之子、时任关白近卫（藤原）基实也来到六波罗。在迎奉天皇、后白河上皇乃至美福门院到六波罗之后，平清盛一方便成为名正言顺的官军，失去君主旗号的藤原信赖和源义朝只能背负逆贼之名。

占尽优势的平清盛随后发起进攻。平清盛军从六波罗出发，攻击在大内布阵的源义朝，一度又被源义朝逼回六波罗，这与战斗仅限于白河北殿的保元之乱不同，第一次将平安京也纳入战场。叛军死守大内里东面四门，其中最北边的上东门被关闭起来，由此往南的第一座门——阳明门由源光保等人把守，更南边的待贤门由藤原信赖等人把守，最南边的郁芳门由源义朝率众把守。平清盛以长子平重盛和弟弟平赖盛为先锋出战，平重盛在待贤门突破了藤原信赖军的防线，在大内里内与敌军陷入拉锯战，但源义朝派长子源义平将其击退，并射中了平重盛的坐骑，迫使其退往堀川小路。

堀川（堀河）顾名思义，是一条人工挖掘的运河，本用来将大量木材送入平安京，是一条重要的水运动脉。在堀川岸边如小山一般的木材堆上，平重盛曾以弓梢支

地，更换战马，在旁人看来"风姿斐然"（《愚管抄》），
可见京城居民亲眼见证了城内的战斗，对战局和参战者的
表现一一给出了评价。平治之乱的战斗本身因此具有了一
种演出性质，可谓"剧场型战争"的先驱。

在这场战斗中，平清盛给人留下了不可磨灭的印象。
当源义朝军逼近六波罗时，平清盛"通体着黑"，身披黑
色甲胄，骑着黑马，率数十名武士从容参战，"雄姿可定
世心"，展示出令人安心的可靠官军形象。

根据《平治物语》的说法，平氏一方退往六波罗是
诈败之计，目的是将源义朝诱出，以免在大内里展开战
斗。随后，平氏从根据地六波罗大举出动，源义朝在猛攻
之下败北。藤原信赖、源义平在逃亡途中被捕并遭斩首，
源义朝一路逃到尾张境内，被当地人杀害，首级在第二年
即平治二年（1160）正月九日被送到京都，"悬于东狱门
前树上"（《百炼抄》）。朝廷再一次将战败者的头颅挂在
狱门前，向京都居民宣示"谁才是恶人"。

"落首"的登场：狱门成为双向媒介

有趣的是，狱门这一宣传方式在平治之乱中也"进
化"了。《愚管抄》记载，有人在狱门前的源义朝首级背
后贴上了一张纸条，上面写着一首"落首"（涂鸦形式的

讽刺歌）。

211　　　　下ツケハ　木ノ上ニコソ

　　　ナリニケレ　ヨシトモミヘヌ　カケツカサ哉

　　此歌第一节中的"下ツケ"代指保元之乱前不久担任下野守的源义朝。"木ノ上"为"纪伊守"的谐音双关语，"ヨシトモ"既可指"义朝"，也可指"虽说……也好"（良しとも），同样是一组谐音双关语。《平治物语》中也曾收录这首讽刺歌，但最后一节的"カケツカサ"被写作"あげつかさ"，或许是因为"あ"的片假名"ア"与"カ"形近而产生的误写。《平治物语》的某些注释书将"あげつかさ"解为"官职升迁"（栃木孝惟等，1992：232，注18），但这一解释恐怕有误。"カケ"音同"悬挂"，在这里应是"悬首狱门"的隐喻，而且"カケツカサ"在文献中常指"兼任"，"あげつかさ"则只在《平治物语》的这首歌里出现过一次。更何况，下野守转任纪伊守并不是升迁，"官职升迁"的解释因此站不住脚。综上所述，这首歌的大意应为"下野守义朝成了挂在树上的脑袋。虽说兼任纪伊守不错，可现在这样真不算好结果"。

　　《愚管抄》记载，时人盛赞这首讽刺歌"无一字多余，真是前所未见"。虽不知作者是谁，但有传闻称此歌出自左大臣藤原伊通之手。藤原伊通是前关白藤原忠通之养女、近卫天皇中宫呈子的生父，通过与忠通和美福门院之间的密切关系得势，成为二条天皇的近臣。藤原伊通以性格耿直敢谏、富于聪明才智闻名，曾向二条天皇献上题 212 为《大槐秘抄》的著作指点为政之道，受到高度重视。这首讽刺歌无论在内容还是在质量上，都与他的性格、才华和立场（二条亲政派）相吻合。

在狱门张贴讽刺歌这一新活动让狱门不只是掌权者（胜者）单方面展开政治宣传的渠道，也会被当成坊间舆论对掌权者的回应平台，成为一个双向的信息媒介，就像现代政府的社交媒体官方账号下有人匿名跟帖一样。目睹了这种互动的其他京都居民也会跟进评论，从而令舆论进一步发酵，狱门就这样成了一种大众媒体平台。

第六章　六波罗与法住寺殿的
大规模开发

——后白河院和平家的"二人三足"与京都的扩张

超越摄关家：平清盛空前的崛起速度

214　　　平治之乱并不只是平家全盛时期的起点。平治之乱开启了平家与后白河院政联合主导朝政的新体制，两处新城区也因此得到了开发，京都的城市规模进一步扩大，这些变化是本书接下来关注的重点。具体而言，平家的根据地——六波罗在这一时期快速膨胀，机能不断完善，后白河院的新御所法住寺殿及其附属街区也在这一时期建成。这两处新城区可谓平清盛与后白河之间"二人三足"体制在现实中的结晶。

　　源义朝覆灭之后，平清盛成为武士当中的唯一霸主。

尽管成为头号武士并不等于成为朝政的主导者（例如，后来的源赖朝虽成为武士社会的领袖，却没有主宰朝廷），但平清盛已开始向着这一方向大踏步迈进。与平清盛同时代的九条兼实（藤原忠通之子）曾在日记中评价："准三宫入道前太政大臣清盛〈法名净海〉[①] 者，生于累叶武士之家，勇名被世，平治之乱以后，天下之权偏在私门。"（平清盛生于武士世家，武勇之名举世皆知，平治之乱以后，天下大权都在他掌握之中。）（《玉叶》治承五年闰二月五日条）在这一履历背后，"平清盛为白河法皇私生子"的传说很可能发挥了一定作用。本书在第三章曾提及此说，但为了解释"武者之世"的诞生与京都的诞生之间有何关联，笔者将对此说法做进一步阐述。**215**

平家的鼎盛标志着通往"武者之世"的第一阶段已告完成，但这对京都又意味着什么呢？为回答这一问题，让我们先简单地梳理一下平清盛成为朝廷主导者的来龙去脉。

平治之乱后不久，永历元年（1160），九州有一名为日向太郎通良的武士作乱。当时负责维持九州地区秩序的机构是大宰府，但大宰府的长官大宰帅只是授予亲王的荣衔，充当实质长官的大宰权帅一职也只是授予上级贵族的

---

① 〈 〉内为史料原文中的夹注。

名誉职位，该机构的实际工作由大宰府的首席次官大宰大贰负责，而当时担任大宰大贰的是平清盛。受命镇压通良之乱后，平清盛派家中部下前往九州，很快取得成功，将通良及其手下共七人的首级带回京都，供后白河院等人检核（《百炼抄》）。

在平治之乱立下挽朝廷于将倾的大功之后，平清盛又在九州立下功劳，朝廷决定予以重赏。一个月后的永历元年六月下旬，令人瞩目的事发生了，平清盛的位阶从正四位下直接跃升至正三位。

平家地位不高，平家之人因此本没有资格成为公卿。此外，廷臣的位阶一次通常只能提升一级，跃级升迁的特殊情况被称为"越阶"或"直叙"。而在永历元年六月，平清盛的位阶一口气升了三级，相比之下，出身藤原摄关家的九条兼实在当天也只是自从三位升至正三位，两相比较便不难发现平清盛的升迁何其异常。即便在摄关家的历代家主当中，也未曾有人越过从三位，直接升至正三位。

笔者出于好奇心对此事详加调查之后，发现了一件有趣的事。在平清盛以前，历史上从未有越过从三位、直叙正三位的情况，就连皇族成员与赐姓源氏的天皇皇子一族也不例外。由此可见，平清盛直叙正三位的情况诚可谓匪夷所思。

朝廷授予平清盛正三位的理由是"犒赏护卫天皇

216

行幸六波罗之功"，即奖励平清盛在平治之乱时将二条
天皇从敌营中救出的功劳。这一异乎常例的越级升迁
很可能是对照了将门之乱时藤原秀乡以讨伐平将门之
功越阶四级、自六位擢升至从四位下的先例之后做出
的决定。

白河院政的清算与平清盛崛起：
私生子传闻及其证据

对平清盛而言，破天荒的直叙正三位只是开始而已，
在那之后，他的崛起速度反而更快了。不到两个月之后，
永历元年（1160）八月十一日，平清盛就任参议。参议
有资格出席朝廷的最高级别会议——议政官会议（阵
定），出身平氏的平清盛本应与此无缘，且这一任命与上
一次升迁相距极短，十分反常。而且此时平清盛正在参拜
安艺国严岛神社的路上，并不在京都，朝廷的这项任命简
直就像为迎接他回京准备的一份大礼，而官方记录中也没
有记载做出这一任命的理由。虽然处处都有蹊跷，但只要
将上述情况综合起来看，就不难发现直叙正三位和升任参
议是同一嘉奖的两个部分，它们都是朝廷对平清盛在平治
之乱等事件中立下功劳的犒赏。

就任参议半个多月后的九月二日，平清盛兼任右卫门

督。三个多月后的十二月二十四日，平清盛之妻平时子直叙从三位。史料中将这一升迁记载为"临时"犒赏，但没有道出具体的理由（《山槐记》）。不过，此时平时子的妹妹平滋子（建春门院）开始受后白河院的宠爱，平时子的升迁当与此有关。次年即应保元年（1161）的正月二十三日，平清盛在兼任右卫门督四个月之后担任了检非违使别当。八个月后的应保元年九月十三日，平清盛升任权中纳言，由此又过了近一年，在应保二年（1162）八月二十日从正三位升至从二位。在这短短两三年时间里，平清盛的升迁速度之快超乎想象。虽然每一项任命都有其理由，但只要综合起来看便不难发现，它们都是为了把平清盛捧上朝廷的顶点，而每一项任命都只是这一进程中的一个台阶。

在这之后，平清盛的官位在从二位权中纳言的位置上停留了四年。但在此期间，平清盛的长子平重盛于长宽元年（1163）升至从三位，跻身公卿行列，然后又在长宽二年（1164）升任正三位，在下一年即永万元年（1165）就任参议。平重盛升任正三位无疑是对其父平清盛主持建造莲华王院（今京都三十三间堂），并举办供养仪式（落成庆典），奉请后白河院亲临的赏赐。在这段时间里，平清盛优先安排自己儿子一辈加官进位，其目的应当是提高平家的整体地位，让自己的后代也能拥有跻身公卿的资格。

永万元年八月，平清盛再次升官，担任权大纳言，之后更是一发不可收。次年即仁安元年（1166）六月，平清盛升至正二位；同年七月，长子平重盛由参议升任权中纳言；十一月，平清盛升任内大臣，平家至此诞生了有史以来的第一位大臣。在这之后只过了短短三个月，平清盛于仁安二年（1167）二月越过右大臣、左大臣，直接担任太政大臣，顷刻间登上了廷臣的最高点。太政大臣是一个名誉性职位，授予"非同寻常的尊贵之人"，但因为出身摄关家等名门的廷臣也在等着就任此职，平清盛无法长期在任。此外，太政大臣并无明确的执政权限，平清盛需要的也只是担任过这一职位的经历，即便长期在任也没有任何好处。于是，平清盛在三个月后辞去太政大臣一职，又在仁安三年（1168）以生病为由出家。

不过，为什么平清盛需要不断升迁，直至担任这一名誉职位呢？

无论功绩、宠爱和姻亲关系等因素施加了多少影响，官位的任命在原则上还是由血统决定的。换言之，如果平清盛能以比摄关家更快的速度飞黄腾达，他就能证明自己在血统上比摄关家更为尊贵，让人相信自己就是白河法皇的私生子。在平清盛就任太政大臣前不久的仁安二年正月底，平重盛从正三位升至从二位。当年八月，

218

平重盛之弟平宗盛升任参议，随后于十二月升至从三位，成为平清盛诸子当中的第二位公卿。平清盛的儿子们也能如此轻松地进位公卿，而且升迁速度比寻常贵族更快，这些事实在时人看来都为"白河法皇私生子说"提供了佐证。

平宗盛担任参议之后的第二年即仁安三年，平清盛之弟平教盛、平赖盛也先后就任参议。如果一家之中有人出人头地，最先因连锁效应受益的通常应是诸弟而非诸子，但平家的顺序与此相反。这一点也从侧面表明在时人眼中，只有平清盛和他的儿子们与其弟不同，在血统上具有独特的尊贵性。

此外，在历史上能够越过右大臣、左大臣直接担任太政大臣的只有三个人，即第一代太政大臣大友皇子、第二代太政大臣高市皇子和第四代太政大臣道镜。在这当中，道镜曾有造反的记录，还是以僧人身份受封"太政大臣禅师"的特例，所以不可能在任命平清盛为太政大臣时为朝廷提供参考。这样一来，平清盛可以参照的先例就只有天智天皇的皇子大友皇子与天武天皇的皇子高市皇子。因为这两人的父亲都是天皇，因袭先例的平清盛也可以算作以（白河）天皇之子的身份升任太政大臣。

平清盛的平步青云发生在平治之乱后不久，这可能是因为当时的舆论一致认为必须将平清盛当作白河院之子并给予其相应的待遇。通过这一方式，白河院政完成了对平治之乱最后的清算，这一动乱至此尘埃落定。

平家与天皇家因婚姻而融合：
平滋子、平时子与平德子

应保元年（1161）九月三日，平清盛升任权中纳言的十天前，其妻平时子之妹平滋子为后白河院产下了皇子宪仁亲王，十二天后，平滋子之兄平时忠和平清盛之弟平教盛因暗中计划立宪仁为皇太子触怒二条天皇，被罢免了官职。二条天皇膝下此时尚无皇子，直到三年后的长宽二年（1164）终于生下顺仁亲王，二条天皇于是在次年即永万元年（1165）六月让位于这个虚岁不过两岁（实际年龄仅七个月）的婴儿，后者即六条天皇。此时二条天皇身患疾病，可能担心自己时日无多，为避免皇位被宪仁夺去才让自己的儿子早早即位。一个月后的永万元年七月，年仅二十三岁的二条上皇病逝，二条亲政派从此群龙无首。

在二条病逝后，后白河上皇得以确立自己的院政权力，于次年即仁安元年（1166）十月抓住大好机会将宪仁立为太子，但如果六条天皇顺利长大并生下皇子，之前的二条亲政派势力仍有死灰复燃的可能。因此，直到让六条天皇让位给宪仁以前，后白河院都不能掉以轻心，如果不能让宪仁快速即位，后白河院政便不能高枕无忧。因此，平清盛作为拥有最强武力与压倒性话语权一方，其支持变得至关重要。

在此期间发生的一件事曾令后白河院胆寒不已。仁安三年（1168）二月，卧病在床的平清盛出家，在前往纪伊参拜熊野神社途中的后白河上皇连忙第一时间赶回京都，到六波罗探望平清盛。如果平清盛在此时病死，皇位的下一步去向将彻底不可预测。后白河院因此下定决心，趁平清盛在世，于当月强行要求五岁的六条天皇退位，令年仅八岁的宪仁登基，后者即高仓天皇。八年后，可怜的六条上皇最终在十三岁时早逝。所幸平清盛最终从病中康复。解决了皇位继承问题之后，后白河院放下心来，于仁安四年（1169）出家。同一年春天，平清盛离开了六波罗（见页边码第 249 页），在摄津国福原（今兵库县神户市）隐居。

久寿二年（1155），高仓天皇之母平滋子的姐姐平时子生下了平清盛的次女德子。在高仓天皇即位、后白河院政彻底巩固之后，后白河与平清盛决定让平德子嫁入宫中，令天皇家和平家融为一体，以确保政权稳定。承安元年（1171）十二月，平德子作为后白河法皇的犹子（没有养育关系的义子女）成为高仓天皇女御，又在

221

第二年升为中宫。入宫七年后的治承二年（1178）十一月，平德子为高仓天皇生下言仁亲王，一个月后，言仁亲王被立为太子，并在两年后的治承四年（1180）二月取代让位的高仓天皇，以三岁之龄践祚，是为安德天皇。就这样，平清盛成了天皇的外祖父（即外戚），地位达到了顶点。

因平家兴盛而大幅扩张的六波罗

平家的发展与京都的发展有着直接的关联。以平正盛在鸭川东岸购置土地、建造六波罗堂为发端（见页边码第123页），平家不断推进周边地区的开发。拜平氏的崛起所赐，"六波罗"这一新城区拔地而起，迅速发展成为一片繁华之地。

延庆本《平家物语》第三卷末尾的"平家迁都"记载，六波罗在六条大路东延线上距鸭川一町处，在平忠盛时代已建有一町见方（约120米见方）的居住区。因为当地以前是田园与殡葬用地交错的地段，如此规模的城市开发在当时已十分可观。

在此之后，六波罗的规模因平清盛权势的增长而不断扩张。根据《平家物语》的说法，平忠盛于保元之乱三年前的仁平三年（1153）去世，享年五十八岁；平清盛

222

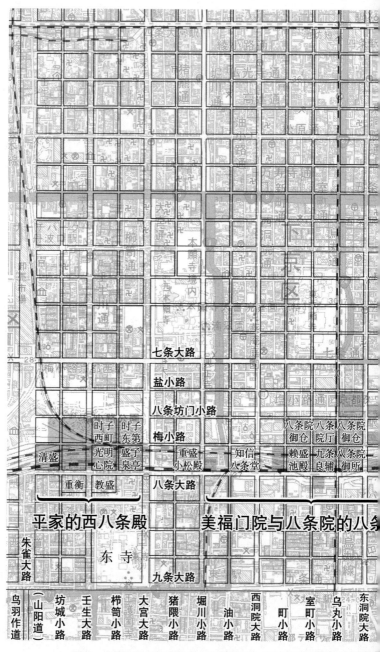

图9　六波罗、法住寺殿、八条院町、西八条殿的规模及位置

四条大路
祇园社
东京极大路
百度大路
五条大路
车大路
爱宕寺
珍皇寺
法观寺
泉殿
清水坂
常光院
（正盛堂）
惣门胁殿
六波罗蜜寺
六波罗
鸟边野
清水寺
池殿
东
六条大路
山
小松殿
涩谷越
七条大路
北殿
法住寺殿
新日吉神社
莲华王院
八条坊门小路
盛国
南殿
八条大路
最胜光院
新熊野神社
滑石越
宗盛堂
东山区
九条坊门小路
观音堂大路
法性寺大路
九条大路
富小路

0　　　　　　500m

图中标出了铁路路线以供参考。基于山田邦和，2012 加工）

继承了六波罗的家产，随后将自己的宅邸面积扩张至两町见方（约240米见方），建筑物多达170栋以上。在宅邸周围，平清盛的族人与家臣建造了多达3200栋（一说5200栋）房屋，占地面积达二十町以上。这些数字虽有夸张之嫌，但六波罗一带经历了异乎寻常的大规模开发应是事实。

六波罗地区的核心是平清盛的宅邸"六波罗泉殿"（《明月记》治承四年十一月二十六日条）。这座宅邸的面积广达四町，与白河院的御所白河北殿、白河南殿相当，就连内里也无法与其相比。以泉殿为中心，在"惣门"（六波罗地段的主门）之侧设有平清盛之弟平教盛的宅邸"门胁殿"，另一个弟弟平赖盛的宅邸则被称为"池殿"，以庭院中的优美池塘而得名。六波罗地区北部设有"仓町"（仓库区），东南角设有平清盛长子平重盛的宅邸"小松殿"（见图9）。

此时，平安京的核心区——左京北部已得到彻底的开发，没有一片多余的土地。像六波罗泉殿这样占地四町的巨大府邸和以其为中心占地数十町的广阔新城区象征了中世的政治权力，如此庞大的工程只有可能在平安京郊外实现。可以说，院政和平清盛的登场推动了平安京郊区的大规模开发，为中世"京都"的形成提供了必不可少的一大基本要素。

223

平清盛支持下的后白河院政
与法住寺的新御所

从快速升迁之初开始，平清盛始终没有介入后白河院政派和二条亲政派之间的对立，使自己成为双方都试图拉拢的力量，在朝廷中发挥着股肱之臣的作用。然而，根据《愚管抄》的说法，"无论清盛还是旁人，内心都认为由后白河院掌权治世更为顺当"。也就是说，包括平清盛在内，当时的大多数人都不支持二条天皇绕开生父后白河亲政，可见平清盛实际上也倾向后白河院政派。平治之乱后不久，后白河院曾命清盛逮捕与自己发生矛盾的二条亲政派急先锋大炊御门经宗与叶室惟方，清盛最终依命行事，这也从侧面印证了他的真实立场。

无论是在二条天皇生前担任权中纳言，还是在二条天皇死后升任内大臣乃至太政大臣，平清盛的飞黄腾达背后都有着后白河的影响。后白河希望借平清盛无比强大的武力和威望确立自己的院政权力，平清盛也希望在后白河的扶持下位极人臣，两人的利益完全一致，有如"二人三足"一般彼此助力。平清盛权势的增长，不仅促进了平家的根据地——六波罗的开发，也促进了后白河院政的根据地发展。

226

后白河在左京北部的高松殿践祚之后便以那里为自己的居所，直到让位于二条天皇之后。但在平治元年（1159）七月，高松殿在整修不过一个月之后便被彻底焚毁（《百炼抄》），后白河随后迁至"三条殿"（也称"三条乌丸殿"），三条殿位于三条大路以北、乌丸小路以东（今京都地铁乌丸线乌丸御池站最南方出站口附近）（《一代要记》《帝王编年记》），是崇德天皇和晚年的白河法皇曾住过的御所（诧间直树，1997。上述地点可见图8）。值得注意的是，三条殿原本为藤原信赖的祖父藤原基隆所有，后白河入住这里也象征了他对藤原信赖的宠爱。由此可见，在平治之乱期间袭击并烧毁三条殿的决定可能是源义朝单方面做出的。

虽然在平治之乱中失去了住处，但后白河院的心中早已选定了下一处御所。久寿三年（1156）正月，当时尚未让位的后白河天皇为避方角，曾在鸭川东岸的一处街区里待了两天，这处街区在八条坊门小路东延线上，在道路末端设有一座佛堂，名为"法住寺入道中纳言之东堂"（《山槐记》）。

"法住寺入道中纳言"指的是藤原清隆（《兵范记》仁平四年十月二十一日条），他的父亲是白河院近臣藤原隆时，凭着这层关系，他历任诸国受领，积攒了大量财富，还成为鸟羽院的乳母夫，在官拜权中纳

227

言之后出家遁世，修建了这座佛堂。藤原清隆的这座佛堂被称为"东山之私堂"，清隆在久安五年（1149）模仿"九重塔婆"（白河天皇在法胜寺建造的全高81米的八角九重塔）修建了一座宝塔，这座塔还被近卫天皇封为敕愿塔，得到了极高的优待（《本朝世纪》）。这座佛堂规模庞大，远远超过了寻常寺院，因此将这里设为上皇的居所毫无问题。

后白河于东山的安居之地
建设新御所"法住寺殿"

当时名为"法住寺"的寺院已不存在。永延二年（988），时任右大臣的藤原为光（藤原师辅之子）之女忯子入花山天皇后宫为女御，受到宠爱，后因难产而死，据传藤原为光为祭奠女儿，在七条大路东延线末端建造了法住寺。法住寺在长元五年（1032）被焚毁，但或许是由于当地的开发因法住寺而起，"法住寺"仍作为地名保留了下来。

后白河选择在法住寺之地建设新御所的原因与"法住寺"这一寺院、藤原为光或藤原清隆都没有关系，很有可能只是因为当地有纪伊二位发愿建造的佛堂。

纪伊二位是信西之妻，本名藤原朝子，作为乳母把后白河一手带大，是他最信赖的女性。朝子的父亲藤原兼永曾任纪伊守，她自己的位阶也曾升至三位，因此得名"纪伊三位"，在升至二位之后，就被称为"纪伊二位"。朝子之父兼永在历史上籍籍无名，但她的祖父藤原俊范是平直方之女所生（《尊卑分脉》）。平直方出身武士之家，曾在平忠常之乱时被朝廷任命为追讨使却未能奏功，后来遇到接替自己前来平叛的源赖信、源赖义父子，对二人大为景仰，不但将相模国镰仓之地赠给源赖义，还将女儿嫁给了他，二人的长子即源义家。如此一来，纪伊二位的祖父便是源义家的表兄弟，俊范、兼永、朝子三代人的血统中也有了武士色彩。藤原兼永之所以能担任在武士当中十分抢手的左卫门尉（见页边码第 51 页）一职，很可能也是出于这层关系。

保元三年（1158）十月，后白河让位于二条两个月后，当时仍被称为"纪伊三位"的藤原朝子建造了一座一间四方①、名为"清净光院"的小佛堂，在堂中供奉了一尊丈六阿弥陀如来像（与佛陀同高的佛像，合一丈六尺，约 4.85 米；若为坐像则高度减半，为八尺，约 2.43 米），并举行了供养（完工）仪式（《兵范记》）。供养仪

---

① 此处的"间"非长度单位（约 1.8 米），而是指木构建筑两柱之间的空间。一间四方即只有四根立柱，因此每一面只有一"间"的建筑。

式由天台座主最云法亲王①主持，"大门"上悬挂的"清净光院"四字牌匾由前关白藤原忠通亲手书写，这些厚遇都是后白河对自己乳母的回报。

纪伊二位之所以选择法住寺之地设立佛堂，是因为那里就在她丈夫的"少纳言入道（信西）本堂"东北方不远（《兵范记》）。少纳言入道本堂原为信西宅邸的一角，但在平治之乱中毁于兵火（《历代皇记》），信西本人也在乱中自杀，因此那里沦为无主荒野。后白河在自己最信赖的政治家的宅邸旧址上修建御所，既可以宣示他对信西的信任从未动摇，也能与自己最信赖的女性建立的佛堂紧邻，或许正是因为如此，法住寺才成了他的安居之地。

强行征用法住寺殿及其用地：
院政专制与平清盛的协助

就这样，后白河院在法住寺建造了新的御所，于应保元年（1161）四月正式迁入。六年后法住寺御所进一步扩建，一名廷臣曾如此回忆了当时的景象："此御所自应保以后即为离宫。"（《吉记》）后白河院的御所"法住寺殿"由此诞生。

---

① 入僧籍之后被封为亲王的皇子称"法亲王"。

这座新御所的位置在京都东山（京都盆地东侧的山麓地带）一带（《后中记》《吉记》），因此在当时的正式名称是"东山御所"。然而，后世通常将这座御所称为"法住寺殿"，历史学家也沿用了这一说法。鉴于"法住寺殿"一名早在应保元年（1161）四月御所建成之初起便见载于史料（《山槐记》），本书也将统一以"法住寺殿"称呼。

法住寺殿的建造费用由担任播磨守的院近臣藤原家明承担，其核心建筑则是从藤原信赖位于中御门西洞院的宅邸中搬迁过来的（《右禅记》）。后白河此前居住的三条殿也是信赖一家的府邸，法住寺殿则是在信西宅邸的旧址上建造的。由此看来，后白河习惯在从前宠臣居住过的地方生活，这想必也是他宣示宠信的独特方式。如此看来，即便在平治之乱以后，后白河对藤原信赖的依恋仍没有断绝。由此看来，藤原信赖不太可能因对后白河怀恨在心而对他发起袭击，这也从侧面表明火攻三条殿的决定不太可能出自藤原信赖之手。希望研究古代与中世史的学者能从这一点入手，重新探索平治之乱真正的起因。

信西家旧址虽已无人居住，但法住寺殿在其周围圈占了大片土地，吞并了不少寺院和宅邸。在那些被无情拆除的既有设施中，有一座名为"帅入道九体堂"的建筑。"帅入道"即修建九重塔的藤原清隆，他在法住寺一带修建的"九体堂"（安放九尊阿弥陀如来像的佛堂）在修建法住寺殿时也被要求"立刻拆除"（《右禅记》）。

就这样，后白河为法住寺殿获得了广达"十余町"的土地，遭到清拆的大小"堂舍"多达八十座以上（《山槐记》）。从如此庞大的占地规模来看，这已不是一座纯粹的宅邸。法住寺殿工程的目的并不只在于建造一座院御所，而是对一整片城区进行再开发。法住寺地段原本是在平安京郊外自主发展而成的新城区，但后白河挥舞权力大棒，将原本的居住者统统驱离，将其彻底纳入自己的强权支配之下，把当地改造成自己的政治据点。史料记载，这样的做法令"众人颇有怨言"（《山槐记》），引起了广泛的不满。

后白河之所以在开发法住寺殿时态度强硬，无疑是因为他有压制反对意见的底气，而在当时，只有平清盛具备让那些反对者慑服的力量。京都的土地管理事务本应由京职和检非违使负责，但在京职名存实亡之后，检非违使就成了建筑清拆工作的负责人。而在法住寺殿完工三个月前的应保元年正月，朝廷正好任命平清盛担任了检非违使别当（《公卿补任》）。这项任命的目的极有可能就是保证法住寺殿工程（尤其是

231

当地居民清退工作）能够平稳进行。可以说，法住寺殿的建成也象征着专制的后白河院政在平清盛的支持下正式开始。

败给二条亲政的后白河院政的墓碑：莲华王院

法住寺殿的核心设施是"法住寺本体之观音堂"（《醍醐寺杂事记》）。《愚管抄》记载："修建供奉千体千手观音之佛堂，是后白河院多年来的夙愿。平清盛为遂此愿，举备前国之力建成此堂，于长宽二年十二月十七日供养之。"作为备前国知行国主（掌握令制国受领的任命权，在实质上控制当地政务的负责人）的平清盛以该国的赋税为本钱建造了后白河院多年来心心念念的千体观音堂，这就是今天被世人称为"三十三间堂"的名胜古迹——莲华王院。莲华王院的样式仿照了平忠盛为白河院建造的得长寿院（见页边码第127页），表达了后白河院希望自己和平清盛之间的关系如同白河院与平忠盛的关系那般亲密。

长宽二年（1164）莲华王院的落成典礼上，后白河本希望二条天皇也能出席，但二条天皇对此事置之不理。此外，后白河希望二条天皇提拔平清盛的官位，以作为建

232

造莲华王院的犒赏，也无果而终。平清盛虽在八个月后升迁，兼任了兵部卿，但这一任命与莲华王院落成在时间上相差太远，兵部卿在当时也只是有名无实的荣衔，不足以构成犒赏（通常的赏赐应为让平清盛再担任一次受领，或擢升位阶），可见朝廷并未就建造莲华王院一事对清盛有何赏赐。毕竟，院只是时任天皇的监护人，如果天皇说不，院也无法左右人事任免。

在一段时间内，二条天皇也曾与后白河互相尊重，将政务委托给后白河及前关白藤原忠实处理。但在应保元年（1161）宪仁诞生，以及平时忠等人企图立宪仁为太子的密谋（见页边码第 219 页）败露之后，二条天皇的态度逐渐趋于强硬，开始抵制后白河的影响，谋求亲政（佐伯智广，〔2004〕2015）。这一转变正发生在莲华王院落成的三年以前。

莲华王院落成后，后白河曾提议"可否慰劳为我鞠躬尽瘁的平清盛"，但二条天皇以"此事与朕及朝廷无关"为由予以驳斥。后白河询问担任使者的平亲范"办得如何"，平亲范回答"陛下似未赦许"。据平亲范事后回忆，后白河闻讯落泪，感叹"呜呼，为何恨我如此"（《愚管抄》）。身为父亲的后白河就这样被儿子抛弃，在笔者看来，莲华王院仿佛一座空寂的墓碑，象征着未能战胜二条亲政的后白河院政。

233

法住寺殿的规模与院政权力同步扩张

永万元年（1165），二条天皇在让位给六条天皇之后不久因病去世。第二年即仁安元年（1166），后白河开始建造新的法住寺殿。当时的史料中记录了旧法住寺殿"狭小""其屋甚少""本御所颇凡卑"（与之前的御所相比过于寒酸，不符合院的规格）等怨言（《百炼抄》《山槐记》《禅中记》），表明在二条去世之后，大权在握的后白河院地位提升，已非法住寺殿最初的规模与规格所能匹配。

当时担任周防、赞岐两国知行国主的藤原俊盛从林业发达的周防国调来大量木材，在赞岐国财税收入的支持下承办了法住寺殿的扩建事业（《山槐记》《禅中记》）。院御所的改建工程一般只需要花费一个知行国的收入，但改建法住寺殿需要动用两个知行国的财富，可见工程规模之大。

仁安二年（1167）正月，后白河举行移徙之仪，正式迁入新建成的法住寺殿。移徙是向外界宣告本宅搬迁的仪式，在入住当天，后白河从东门离开旧法住寺殿，沿莲华王院西侧道路南下，来到新法住寺殿北面，然后从西门234进入（《山槐记》）。由此可见，旧法住寺殿、莲华王院和新法住寺殿应是自北向南依次分布的。

莲华王院北接当时的七条大路东延线（今七条通），因此旧法住寺殿的位置应在七条以北，新法住寺殿的位置则在七条以南距离较远处。建造旧法住寺殿时，该殿西门可以直通八条坊门小路（在七条大路以南两町处，今西盐小路通）东延线（《右禅记》），由此可见，旧法住寺殿向南至少延伸到了八条坊门小路东延线的尽头，可见其规模极为庞大，仁安二年（1167）的新御所应是在其南面的空地上建成的。

因为在旧御所南面，新建的法住寺殿被称为"南殿"或"法住寺南殿"（《禅中记》《百炼抄》），虽正式名称仍为"东山御所"（《兵范记》《百炼抄》）或"东山殿"（《山槐记》），但一般还是称其为"法住寺殿"。从那以后，"法住寺殿"一般只指法住寺南殿，直到寿永二年（1183）被木曾义仲烧毁以前的十六年间，那里都是后白河院政的根据地所在。《年中行事绘卷》①开头的朝觐行幸图写实地描绘了承安元年（1171）高仓天皇朝觐行幸（天皇拜访父亲居所的仪式）的场面，画中的宫殿便是后白河的法住寺南殿（见图10）。

235

---

① 平安时代末期描绘朝廷与京都年度例行典礼及民俗生活场面的系列长卷，传为绘师常盘光长奉后白河法皇之命绘制，共有六十卷，但在 17 世纪毁于火灾，如今仅有江户时代以来的模本存世。

图10　法住寺殿（《年中行事绘卷·朝觐行幸》，
田中家所藏模本）

平治之乱与新日吉神社、新熊野神社的建立

和从前的鸟羽一样，法住寺殿的开发也是为满足院政体制的各种需求，将一座新城区一口气建立起来的大规模事业，其证据便是法住寺殿中的新熊野神社和新日吉神社。

新熊野神社与新日吉神社顾名思义，指的是"新的熊野神社"与"新的日吉神社"。熊野神社是纪伊国的修验道三处总道场——本宫、新宫和那智的总称，日吉神社则是比叡山延历寺的镇守神社，位于比叡山背面的近江国琵琶湖畔，与京都盆地相对。因为两座神社都与京都距离较远，参拜比较麻烦，后白河便将熊野和日吉两社祭祀的神明"劝请"（招待）到京都来，设立了新熊野神社和新日吉神社，以节省参拜的时间。而他之所以选择从这两座神社劝请神明，是因为这两座神社的神明具有值得他崇拜的特殊之处。

新熊野神社、新日吉神社在永历元年（1160）十月十六日完工。新日吉神社开工于三个月前的七月二十二日（《延历寺文书》），新熊野神社的动工时间虽不见于史料，但应当也在此前后。换言之，两座神社是在后白河于应保元年（1161）四月入住法住寺殿的九个月前开工的，而九个月与院御所这种规格的大型土木工程的平均工期接近，可见法住寺殿与新熊野神社、新日吉神社大体同时开工。由此看来，新熊野神社、新日吉神社从一开始就是法住寺殿的一部分，它们构成了这座新城区宗教理念的内核。

在平安时代，将业已存在的神社劝请到京都来、建立"新某某社"的做法只有法住寺殿的新熊野神社和新日吉神社两例。也就是说，这种劝请的做法是后白河开发东山法住寺地段时的独特产物。那么，当时的后白河为何要做出这种决定呢？

耸立于京都东面的比叡山在平安时代以前便被称为"近淡海国日枝山"①，是名为大山咋神的神祇居住之地，

---

① 近淡海国即近江国。

也是山岳信仰的崇拜对象（《古事记》）。"比叡山"是延历寺的山号，是从与"日枝山"发音相同的汉字中选取的带有佛教色彩的名字。在比叡山延历寺建成之前，日枝山上已设有以大山咋神为主祭神的日吉神社，但延历寺在开山之后后来居上，日吉神社的主祭神也成了佛陀的化身"山王权现"，成为延历寺供奉的守护王城（平安京）之神。因此，后白河在开发京都新城区时崇拜日吉神社是十分合理的，但他崇拜日吉神社的方式——建造新日吉神社——本身并不正常。

在建立新熊野神社、新日吉神社五个月前，亦即平治之乱结束一个月后的永历元年二月，后白河上皇曾召开了一场会议（《百炼抄》），讨论"让位为上皇之后应首先参拜哪家神社"。在近代以前，事物总是要根据各自的重要性排列顺序，因此这场会议的主题无异于"后白河最崇拜哪座神社"。虽说京都周边有石清水八幡宫、贺茂神社等镇护国家与京城的大神社，后白河还是选择在三月参拜日吉神社，还在会上讨论了在四月参拜熊野神社的计划。这场会议中定下的日吉神社第一、熊野神社第二的序列无疑与新日吉神社、新熊野神社的建立一一对应。

那么，为什么后白河对这两座神社怀有特别的崇敬之情呢？关于永历元年三月的日吉神社参拜，史料曾有如下记载："上皇始参诣日吉神社。御逊位后始御幸神社也。

237

因平治乱时别有御愿之故。"(《百炼抄》)也就是说后白河上皇之所以首先参拜日吉神社,是因为在平治之乱中遭到软禁时曾专门向日吉神社的神祇发愿,祈求事态扭转。至于当时对日吉神社给予特别对待是因为后白河期待日吉神社发挥镇护国家的功能,还是因为他个人的信仰偏好,则不得而知。无论如何,平治之乱最终以对后白河有利的方式得到解决,这样一来,平治之乱在后白河心目中也就成了"因日吉神社庇护而取胜的战斗"。

由此可见,新日吉神社和新熊野神社的建造与平治之乱有着直接关系。佐证这一结论的证据不止于此。重新梳理平治之乱的收官阶段便不难发现,平清盛与源义朝在平治元年(1159)十二月二十六日决出胜负,随后朝廷于三天后的二十九日论功行赏,源义朝首级示众则发生在次年即永历元年的正月九日。源义平在正月二十一日被处刑之后,其弟源赖朝、源希义在三月十一日被判流放,在这最后两项处置之间的二月二十六日,后白河决定参拜日吉、熊野两神社。参拜这两座神社时战后处理工作尚未完成,因此其本身也可视作战后处理工作的一环,同时也是平治之乱的一部分。

如此便不难理解后白河为何也对熊野神社特别对待了。平治之乱爆发时,平清盛正是在参拜熊野神社途中得知急报后赶回京都的,在回师过程中给予他帮助的熊野别

238

当湛快（见页边码第208页）就是熊野神社的总负责人。在战斗结束后，平清盛亲自承担了新熊野神社的建造工作（《延历寺文书》），以这一方式表达了对熊野神社的最大谢意。这说明在平清盛看来，自己之所以能在平治之乱中扭转局势，离不开熊野神社的帮助和庇护。

据此，我们终于可以断定后白河建立新日吉神社和新熊野神社的实情。在爆发于京都的叛乱中，天皇与上皇都一度被叛军控制，天皇家迎来史无前例的危机，但在日吉神社和熊野神社的保佑下，天皇家终于转危为安。对此深信不疑的后白河与平清盛因此在京都建造了新的日吉神社和熊野神社，以便在平时以朝廷（后白河）的名义直接举行祭祀活动，用这一史无前例的礼遇回报这两座神社的殊勋。

新日吉神社和新熊野神社的建立都是法住寺殿工程中的一环。后白河将在平治之乱中死去的藤原信赖的旧宅迁到另一位死于平治之乱的宠臣信西的住宅旧址上作为自己的院御所，然后将带领己方走向胜利的日吉、熊野两神社劝请到法住寺殿境内。可以说，法住寺殿本身就是平治之乱结束的象征，而平治之乱又是预示"武者之世"到来的第二起大事件。如此看来，法住寺殿便不仅仅是后白河院的政治根据地，也不只是平安京郊外的一片新开发地段，而且是"武者之世"在现实中的具现。

239

这里值得注意的是，后白河院最早建立的法住寺殿位于七条大路东延线北面，即今天的京都国立博物馆附近。在今天，只要从京都国立博物馆或莲华王院三十三间堂向北稍微走一段距离，就能来到六波罗蜜寺。也就是说，法住寺一带就位于当时正在大举扩张的平家据点——六波罗南侧，两处城区彼此毗邻，以同样的步调逐渐发展起来。随着武士（平家）和院政（后白河）之间形成了在事实上协调对等、共同执掌政事的"二人三足"体制，"武者之世"终于到来，而六波罗和法住寺也以同样的"二人三足"之势，在城市规划上忠实地反映了这一新局面。

第七章　平家开发
新城区"八条"

——京都粗具规模之时

八条院继承美福门院一家的"八条殿"

　　作为平治之乱的善后工作而展开的京都开发工程并不只结出了六波罗和法住寺殿这两颗果实。从这一时期直到源平合战爆发前,平家在京都还开发了一处规模庞大的据点,那就是位于平安京左京南部,在朱雀大路与八条大路交叉口东北侧建立的大型宅邸"西八条殿"。不过,既然平家已在六波罗一带建成了如此庞大的根据地,他们为什么需要在京都再建立一处据点呢?这处据点为什么没有像之前的鸟羽、白河、六波罗和法住寺殿那样建在平安京外,而是在平安京的范围内建造呢?本章将回答这些问题。

在平家的西八条殿完工之后，始于白河院政时期的"京都"萌芽期开发进程也告一段落。为阐明这一过程的来龙去脉，我们需要先把握住两条线索，一是美福门院一家在平家之前开发八条地区的前史，二是西八条地区与平家之关系的前史。顾名思义，平家的西八条殿位于美福门院一家开发的八条地段以西。那么，平家为什么选择在这里建设新的宅邸呢？只有追溯上述两条线索，我们才能解答这一问题，因此，笔者将暂时把时间倒回过去，从头开始梳理平家与西八条地区的渊源。

其实，将平家与西八条联系在一起的关键不在平清盛，而在平清盛之妻平时子一族。只要追溯了上述两段前史，我们就能明白西八条殿的完工对平家和京都而言到底意味着什么。

243

美福门院一家和八条地区的关系始于白河院政时期，当时美福门院的父亲藤原长实在这里有一座"八条之宅"。将这座宅邸传给藤原长实的是他的父亲、白河院近臣藤原显季，父子两人曾在此地多次接待白河院到访。《百炼抄》在记载仁平元年（1151）十一月八条府被焚毁一事时称"此家为故长实卿之家，乃美福门院降生之地"，由此可知这里是美福门院的出生地。后来，这座宅邸也由她继承。美福门院深受鸟羽院宠爱，两人之间生下的皇子即位为近卫天皇，她在这之后获得皇后待遇，住处也按照皇后的规格改称"八条殿""八条院"。

在这之后，八条殿仍作为美福门院一家的重要据点发挥着作用。在美福门院的家庭成员中，地位最重要的自然是她的养子二条天皇。在平治之乱的战斗结束后不久，二条天皇曾在平清盛的护卫下进入"美福门院八条亭"（八条殿），这一举动再次向外界宣示，只有美福门院手下的二条天皇与平清盛一派才是合法政权。

然而，平治之乱过去不到一年，美福门院便于永历元年（1160）十一月去世，享年四十四岁。因为生前只有已故的近卫天皇一个儿子，美福门院的女儿们继承了她的遗产，其中获得遗产规模最大的是时年二十四岁的八条院
244 暲子内亲王。保元二年（1157），二十一岁的暲子内亲王出家为尼，又在第二年义弟二条天皇即位时被封为准母（代替生母充当天皇监护人的女性）。在母亲美福门院去世一年后，暲子内亲王于应保元年（1161）获赐院号（与上皇相同的待遇），开始以"八条院"为名。八条院曾在永治元年（1141）从父亲鸟羽院手中得到十二处领地，后来又从美福门院遗产中分得大量庄园，形成了规模庞大的领地群"八条院领"，其中就包括从美福门院处继承的府邸八条殿。暲子内亲王的院号"八条院"也得名自美福门院一家的这处据点。

八条殿的位置与广域街区
"八条院町"的形成

史料记载，保延七年（1141）二月，美福门院曾从"八条东洞院御所"出发，陪同鸟羽院参拜石清水八幡宫，这座"御所"指的就是八条殿。久安四年（1148）闰六月，鸟羽院又在"八条东洞院第"举行逆修（在生前祈祷自己死后成佛的佛事）仪式，这指的也是八条殿。安元三年（1177）六月，高仓天皇曾暂时将八条院御所作为内里，记载此事的史料也将这处宅邸称为"八条东洞院亭〈八条院御所也〉"，证实了八条院暲子内亲王从美福门院处继承了八条殿（八条东洞院御所）（《兵范记》《本朝世纪》《玉叶》）。

"八条东洞院御所"顾名思义，位于八条大路和东洞院大路的交叉口附近，若参考其他史料中"八条院〈八条北、乌丸东之八条院御所〉"的记载（《山槐记》文治元年八月十四日条），可知八条殿的位置应在八条大路以北、梅小路以南、乌丸小路以东、东洞院大路以西，面积一町见方。

如果将这一位置与今天的京都相比对，八条院的旧址正好与日本铁路公司京都火车站的位置重合（见图9）。

245

新干线站台的东端正好与八条殿的东南角相当，八条殿从那里向西延伸了约120米，南北横跨0号线（草津线和特快列车"雷鸟"号的出发线路）到14号线（自东京来的新干线列车的进站线路），正好与日本铁路公司的站内路线总宽度相当。也就是说，从新干线十六号车厢到十二号车厢下车的乘客只要在京都站落脚，就在不知不觉间站在了八条殿的旧址上。

在八条殿周围，八条院暲子内亲王开发了大片土地，最终形成了地跨十三个地块的庞大街区"八条院町"（见图9）。镰仓时代末期的正和二年（1313），天皇家将八条院町献给东寺之后不久，东寺方面对这一地区的详细情况进行了整理罗列（《东寺百合文书》第四十一函），根据这份文书的记载，八条院御所位于"八条东洞院西一町"，北面紧邻收藏八条院财产的"女院御仓"（又称"八条院御仓"），占地一町见方。在御仓西面有"女院厅"（又称"八条院厅"，女院家政机关的办公场所），占地面积也为一町。除此之外，周围还有互不相连的十处地产，它们也是八条院的领地。

若将上述地段合计，八条院町北达八条坊门小路，南迄八条大路，东至高仓小路，西抵堀川小路，南北宽近四町，东西长近八町，面积巨大。若与今天的京都对照，八条院町的南端相当于今天位于京都站（包括近畿铁道公

246

司的线路）最南端的新干线第 14 号线路，其旧址在南北方向上不但包括了整座京都站，也正好将北出站口的站前广场和公交车始发站囊括在内，在东西方向上则始于高仓通，终于堀川通，规模实在惊人。

八条院之所以能将如此广阔的土地纳入囊中，是因为平安时代平安京的人口集中在左京四条以北，地势低洼的八条、九条一带易遭洪涝影响，并未得到开发。进入院政时代，美福门院和八条院暲子内亲王一家获得了这一地段的开发权，才将当地一手经营成广大的八条院町（至于如何在技术上克服八条一带的排水问题，则不甚清楚）。

八条院暲子内亲王与平家颇有渊源。八条院的乳母是美福门院身边一位名号为"宰相"的女官，她出身于村上源氏，是源国房之女，或许因为她肤色较白，在当时以"白宰相"的别称闻名（《尊卑分脉》）。宰相后来嫁给了一个法号宽雅的僧人，生下一子一女，儿子出家后法号俊宽，曾因参与鹿谷阴谋被平清盛逮捕，流放到日本西南列岛中的鬼界岛终老，他的悲惨遭遇后来被写成了著名的谣曲《俊宽》。宰相与宽雅的女儿也就是八条院的乳母子， 247 与八条院在同一个女性的哺育下长大，这种亲密关系让她比八条院的亲生兄弟姐妹更受信赖。她后来也在八条院身边担任女官，号为"大纳言局"。

　　大纳言局后来嫁给了平赖盛，与其生下一子，名为平光盛。平赖盛是平清盛的异母弟，与八条院过从甚密。在平治之乱后，平赖盛依托这一关系，向八条院申请在八条院町的一角建立宅邸，是为"八条室町亭"（《百炼抄》治承五年二月十七日条）。从这个名字推断，这座宅邸应邻接八条殿西边。

　　不过，平赖盛与平家后来的西八条殿之间没有直接关系。平赖盛在平家一族中处于游离状态，甚至与清盛存在对立关系。那么，平家到底是出于何种缘由建造了西八条殿呢？

平时子的"八条房门栉笥二品亭"
与"光明心院"

　　平家的西八条殿位于八条院町以西，将今天的京都水族馆、京都铁道博物馆（曾为梅小路铁路机车基地）和两者之间的梅小路公园全部包括在内。平清盛本人的宅邸设在这一区域的西南角。延庆本《平家物语》卷三末节"平家出逃"记载："平相国禅门〔平清盛〕，因在八条以北、坊城以西有一宅邸，亦号八条太政大臣……此宅一町见方，大小房舍五十余。"由此看来，平清盛的宅邸应在八条大路以北，坊城小路以西，其东面是今天位于八条壬

248

生十字路口西北方的六孙王神社。这段文字的意思是，平清盛晚年住在西八条殿，因此被称为"八条太政大臣"，府内大小房舍超过五十间。

包括历史学者在内，很多人都把这座西八条殿当作平清盛本人的宅邸。然而，西八条殿真正的主人应为清盛之妻平时子。忽略了这一点，就无法判明西八条殿的本质。

平时子叙任从二位之后被称为"二品"或"二品局"，此处的"二品"是二位的唐名（位阶与官职的中国式雅称），她的宅邸在史料中也被记作"八条二品亭"。治承四年（1180）三月，高仓上皇曾访问平时子住宅，据相关史料记载，"八条二品亭"的位置在"八条坊门以南，枮笥以西"（《山槐记》），即今天梅小路公园东南角的水池和水路所在地。

第二年四月，高仓上皇曾将八条二品亭作为自己的御所，与中宫德子在此同居（《山槐记》）。五月，因以仁王之乱爆发，居住在大内（原本的内里）的幼帝安德天皇也被接到平时子的八条府中接受保护，高仓上皇临时迁居东面（大宫大路西侧）的宅邸。如此一来，上皇与天皇一东一西，在八条坊门小路沿线以枮笥小路为界比邻居住（《山槐记》《玉叶》），日本最高权力者全部集结在西八条殿中（后白河法皇除外。一年前平清盛发起政变，将后白河法皇软禁在鸟羽）。高仓上皇的住所被称为"东 249

第"（《明月记》），从其可以迅速发挥院御所的职能来看，这里早已是一处由平时子管理的大宅。安德天皇居住的"西町"即平时子的八条亭就在"东第"西侧，南接平时子建造的持佛堂"光明心院"（八条大路以北、壬生大路以东，今六孙王神社东侧）。这座光明心院于承安五年（1175）三月落成时，后白河院、建春门院、中宫平德子、平盛子（平清盛之女，已故摄政近卫基实遗孀）都曾出席庆典，场面十分盛大（《玉叶》）。

西八条殿曾为平时子的宅邸

如上所述，平时子在西八条广达四町的土地上建造了多处大宅与持佛堂，但她的丈夫平清盛直到晚年才来到这里居住。

仁安三年（1168）平清盛病重出家时，后白河院曾到平清盛在六波罗的家中探望。从史料来看，至少到第二年即仁安四年（1169）元日，平清盛仍住在六波罗，并最晚在当年三月二十日到摄津国福原的山庄中隐居，在十一月二十五日将六波罗传给自己的嫡子平重盛（高桥昌明，2007）。由此可见，平清盛离开六波罗的时间应在仁安四年元日到同年三月的三个月之间。

平清盛离开六波罗以后长期居住于摄津国福原的山庄

250

中，直到晚年才再度搬迁。在此期间，没有迹象表明平清盛曾在西八条殿长期居住，文献中的西八条殿始终是作为平时子的宅邸出现的。有说法认为平清盛在建好西八条殿之后时常外出，所以史料时常将留守在家的平时子视作女主人（《国史大辞典》"西八条殿"词条、《平安时代事典》"西八条第"词条），但这只是误解而已。有证据可以证明，西八条殿从一开始就是作为平时子的宅邸被修建起来的。

平清盛入住西八条殿的最早记录可以追溯到安元三年（1177）六月鹿谷阴谋被揭发之时。当时，京中有人合伙谋害平清盛，事情败露之后，平清盛从福原上京，进入"八条亭"，将主谋者西光和藤原成亲关押在那里（《玉叶》）。这里的"八条亭"指的是西八条殿，可见此前西八条殿已在平清盛不在场的情况下完工了。西八条殿的建造时间已无从确知，但在鹿谷阴谋前一年的安元二年（1176）十月，平清盛与平时子之女平德子曾到"八条亭"探望生病的时子（《显广王记》），可见此时平时子已入住西八条殿。而在三年前的承安三年（1173）六月，平时子出席自己发愿建造的持佛堂的供养仪式时，时人仍将她记作"六波罗二位"（《玉叶》）可见此时她仍住在六波罗。由此看来，平时子入住八条亭应在这三年之间。

在这座持佛堂举行供养仪式当天，还有其他史料将其

251

称为"六波罗二位八条持佛堂"（《吉记》），可见平时子是在以六波罗为住处的同时于八条设立持佛堂的。这一时期应是平时子从六波罗迁往八条的过渡时期，西八条殿应当也是在这一时期前后建立的。平时子在西八条首先建造佛堂，然后以佛堂为中心将周边开发成家族的聚居区，这一做法和平正盛以六波罗堂为起点开发六波罗，直至最后形成六波罗殿的过程如出一辙。

平时子"八条大宫泉亭"的来历与未解之谜

平时子在入住持佛堂北侧的西八条殿以前，曾在持佛堂东面的"八条大宫泉亭"居住；被认为由平时子与平清盛所生的女儿平盛子后来也居住在这里（八条大路以北、大宫大路以西）。并且很可能是平时子将"八条大宫泉亭"转赠给了平盛子（又称"盛子泉亭"）。治承三年（1179）平盛子去世后，平清盛将"八条大宫泉亭"收回，改名为"泉殿"（《兵范记》承安元年七月二十一日条、仁安二年四月二十六日条，《清獬眼抄》引《后清录记》治承二年四月二十四日条，《愚昧记》治承五年闰二月三日条）。

那么，这处府邸在平时子以前有谁居住呢？有观点认为，这处宅邸就是西行的和歌集《残集》中记载的"忠盛之八条泉",即平时子岳父平忠盛的房产,时为保延六年(1140)前后(高桥昌明,[1998]2013)。

不过,八条一带因排水不畅,有不少泉眼,因此将泉水引入庭院之中作为水源建成的"水阁"(临泉建筑物,即"泉亭")也不止一处。藤原长实和美福门院父女的八条殿也曾被称为"泉亭""八条家之泉",当时的音乐家源政长名下曾有"八条水阁",鸟羽院的近臣藤原显赖也有一处"八条大宫水阁"(《兵范记》仁平二年六月二十七日条、《殿历》天仁二年四月二十日条、《为房卿记》嘉保二年八月二日条、《百炼抄》大治三年五月十一日条)。

后白河院及其廷臣也曾不时来到"(西)八条泉"纳凉,但这里的"泉"应不属于任何人的宅邸。人们在这些"水阁"或举行祓禊仪式,或依水纳凉,八条一带可说是当时大受欢迎的避暑胜地(《玉叶》嘉应二年七月二十二日条,《愚管记》仁安二年七月十一日条、仁安三年六月二十九日条)。

上文中提到的藤原显赖的"八条大宫水阁"在位置上与平时子、平盛子的泉亭吻合(《台记》保延五年六月二十七日条),这座宅邸又是怎样为时子所有的呢?大治三年(1128),藤原显赖曾将此宅献给白河院,是为"八条大宫御所"(伏见宫旧藏《上皇御移徙记》六月二十七日条)。然而,白河院在当年和次年夏天两度访问此地之

252

后便去世了，藤原显赖也在久安四年（1148）去世于祖父藤原为房的纪念佛堂所在的九条高仓，八条大宫的府邸至此成为无主之地（《百炼抄》康治二年三月十六日条，《本朝世纪》久安四年正月十三日条、仁平三年二月十六日条）。鉴于藤原显赖和平忠盛之间不存在涉及房产继承的血缘或姻亲关系，笔者认为这处宅邸的流转过程应当如下：八条大宫泉亭在白河院死后传给了鸟羽院，又在大治四年到保延六年（1129～1140）被鸟羽院赐给宠臣平忠盛，在平忠盛死后被平清盛继承，最后由平清盛分给了自己的妻子平时子。

　　然而，仅凭这条线索，还不能解释这座泉亭为何被平家发展成如西八条殿这般宏大的据点。忠盛、清盛、重盛三代都把以平正盛的六波罗堂为中心的六波罗地区当作平家的根据地，直到平时子晚年入住此地以前，八条泉亭在平家的房产中的地位都不甚重要。由此看来，西八条地区得以发达的关键在于平时子。如前所述，平时子在安元二年（1176）从六波罗移居八条，以持佛堂为中心建立居所，潜心修佛。那么，为什么平时子要将修佛的地点选在八条呢？

平知信的八条堂与在八条聚居的平氏高栋流

　　平信范的日记《兵范记》是一份关于当时历史的重

要资料，它为我们解答上述问题提供了关键的线索。

　　平信范同样出身于桓武平氏，但他的血统与平清盛相去甚远，与平时子则颇为接近。平清盛系出桓武天皇之子葛原亲王之孙高望王（后赐姓平氏），平信范和平时子的祖先则是高望王的伯父高栋王。换言之，平清盛和平信范、平时子的共同祖先应追溯到约十代以前的葛原亲王，亲缘关系极为疏远。平清盛所属的平氏家系被称为高望流，平信范、平时子的家系被称为高栋流（堂上平氏）。

254

　　平时忠因"非我平氏，皆不是人"（《平家物语》）的傲慢发言而闻名，被当作平家飞扬跋扈的代表人物，但他是平时子的弟弟，也出自平氏高栋流。平时忠口中的"一门"指的不是自己的父系家族高栋流，而是在平时子嫁给平清盛之后与自己家融为一体的平氏高望流。借助这一姻亲关系，本没有资格升为公卿的平时忠也当上了权大纳言，人称"平大纳言"。不只如此，平时忠的妹妹平滋子（建春门院）也深受后白河上皇宠爱，生下了高仓天皇。他的外甥女（平时子的女儿）德子（建礼门院）则嫁给高仓天皇，生下了后来的安德天皇。凭借这些关系，平时忠成为后白河院政体系下的外戚，享尽荣华富贵。

　　平时忠、平时子和平滋子的父亲名为平时信，祖父名为平知信。《兵范记》的作者平信范就是平知信的另一个儿子。换言之，平信范相当于平时忠、平时子和平滋子的叔父，他的日记《兵范记》中含有大量关于这一家族内部情况（如行动轨迹和人际关系）的信息，可谓平时子娘家内情的宝库。

255 　　让我们暂时把时间倒回到保元之乱前不久，基于上述认识重新审视《兵范记》的记载，这样一来，我们就不难发现这样一条线索。仁平二年（1152）二月十八日，平信范在《兵范记》中记载，自己为准备"明日之远忌"来到了"八条堂"。"远忌"是在已故之人的忌日（"祥月命日"）祈祷死者往生极乐的佛教仪式，即今天人们所说的"法事"。

　　根据《兵范记》中第二天的条目记载，这场"远忌"的目的是为"先人"祈祷。此处的"先人"指的是"已故的上代家长"，因此这场法事是为平信范之父平知信而做的。四年后的久寿三年（1156），平信范也在平知信的忌日当天留下了"行私人远忌，于八条堂做法事"的记载。这座"八条堂"一间四面，位于八条大路以北、西洞院大路以西，其旧址就在今天的都酒店（京都八条分店）朝向八条通的一面附近。平信范曾在仁安四年（1169）二月记，当年是该堂创建的第二十八年，可见该堂应始建于康治元年（1142）。

　　《兵范记》记载，久寿二年（1155）七月，平信范曾为探望自己生病的姐姐前往"八条"。平信范的姐姐嫁给

了一个名叫藤原成隆的人。此人作为藤原赖长的亲戚在保
元之乱中与赖长一道战败，在逃到仁和寺一带后剃发出
家，表明归顺之意，随后向检非违使自首。藤原成隆后来
虽被判处流放，但在一段时间后得到释放，回到了"八
条家"中（《兵范记》保元元年七月十四日条）。换言之，
"八条"之地不但有纪念平知信的持佛堂，也是平知信的
女儿和女婿居住的地方。换言之，以平知信的持佛堂为中
心，平氏高栋流在八条一带形成了自己的聚居区。如此看
来，平时子应当也作为平知信的孙女在这里继承了部分土
地，发愿建造了持佛堂"光明心院"，并在周边逐步建成
了西八条殿这一大型居住区。

256

　　后来，晚年的平清盛因鹿谷阴谋一事被迫回京，入住
妻子居住的西八条殿，在这之后也常在上京时以此地为自
己的据点，到晚年更是在此长期居住，直至病逝。因为这
些经历，后人才会把西八条殿视为平清盛的私人住宅，把
西八条殿占据的土地当成平清盛的私有地。但事实上，西
八条殿的这块土地应当是属于平时子娘家的。

养育天皇的平家必须居住在平安京内

　　其实，当时也有一些人把西八条殿当成平清盛自己的
宅邸。治承三年（1179）十二月，皇太子言仁亲王（后

来的安德天皇）移居西八条殿时，当时的文献曾将这座宅邸写作"外祖父入道太政大臣〔清盛〕八条亭〈八条坊门以南，栉笥以西〉"。从这一年开始，西八条殿（平时子的八条亭）开始在文献中被称作"清盛的八条亭"。换言之，西八条殿是在治承三年政变①后才被当成平清盛257 的私宅的。而在第二年即治承四年（1180）三月，史料中仍有把这座宅邸称为"八条二品〈入道大相国〔平清盛〕室〔时子〕〉亭"的记录（《山槐记》），可见西八条殿终究还是平时子的房产，平清盛应当只是在妻子的这处宅邸中长期逗留而已，正如天皇长期借用他人宅邸作为"里内里"时，宅邸名义上仍为原来的主人所有，平清盛和西八条殿之间的关系也是一样的道理。

　　根据延庆本《平家物语》所述（见页边码第 247 页），平清盛曾在西八条殿西端位于八条大路以北、坊城小路以西的地方另辟一町见方之地，为自己建造了一处居所，在这处居所完工之后，西八条殿范围内的建筑总数超过了五十栋。这应当是平家一门上下从六波罗迁居而来的结果。由此推断，在治承三年政变之后不久，平清盛夫妇

---

①　指治承三年，隐居福原的平清盛突然率军入京，将反平家的关白松殿基房等人解任，迫使后白河法皇停止院政，形成以高仓天皇（次年退位为高仓上皇）为名义领袖，由平清盛一门掌握政权的体制。

将言仁亲王（安德天皇）接到西八条殿抚养，平家一门的核心也逐渐转移到了西八条殿来（不过，平清盛之弟平赖盛没有放弃自己在八条院町的旧宅，与其他平家人一道迁往西八条殿）。

治承三年政变爆发的四个月前，平清盛的长子重盛去世了。平重盛生前曾继承平清盛的家主地位，成为六波罗殿的主人，他的离世应也是平家从六波罗迁往西八条的原因之一。

那么，平清盛一家在主观上为什么选择以平时子的西八条殿为新的根据地呢？首先，西八条的位置在鸭川东岸的六波罗以西，与六波罗距离较远。如前所述，平清盛在坊城小路西侧设有一处占地一町的临时住处，其西侧便是朱雀大路，而朱雀大路的南端——罗城门（旧址）正是将京都与福原连接起来的山阳道的起点。平清盛之所以在距山阳道起点 500 米处的朱雀大路沿线设置临时住所，无疑是看中了这里与福原之间的交通较为便利。

与此相比，更为根本的原因在于"皇太子和天皇必须住在平安京中"这一规矩。因此，在六波罗抚养皇太子言仁［治承四年（1180）二月即位为安德天皇］是不妥当的，而如前所述，若在平安京内寻找一处面积可与六波罗匹敌的场地建造新据点，西八条就是最佳选项（此处感谢佐伯智广先生赐教）。

258

此外，一段姻亲关系也可能促成了这一决定。平时子和她的姨母（平信范之姐）姨父（藤原成隆）都住在八条，藤原成隆的妹妹其实也曾嫁给平忠盛为妾，生下了平清盛的异母弟平教盛。换言之，在"八条之家"居住的藤原成隆就是平教盛的舅舅。如前所述，藤原成隆在保元之乱后被判处流放，在这时显然失去了"八条之家"。但当初将"八条之家"转让给他，且应在他死后继续持有这套房产的妻子（平信范之姐）已在保元之乱前一年的九月病逝了（《兵范记》）。这样一来，"八条之家"的所有权很有可能在这之后传到了保元之乱的胜利者、藤原成隆的外甥平教盛手中。

史无前例的朱雀大路处刑：成为"京外"的朱雀大路和西八条殿的选址

安元三年（1177）的鹿谷阴谋事件中，平清盛将自己的政敌院近臣西光逮捕之后，于朱雀大路上将他斩首（《愚管抄》）。如保元之乱的战后处理所示，京都的刑场一般在鸭川河滩等地，位于平安京范围以外。平安京史上从未有在朱雀大路上行刑的传统，在这条中轴大道上将犯人斩首也是前所未有的事。

平清盛在京都最大的主干道上斩杀西光绝不是为了

让世人围观。恰恰相反，朱雀大路和朱雀大路以西的右京在整个平安时代逐渐废弛，此时已沦为一片荒地（《大而无当的平安京》）。朱雀大路虽在严格意义上属于"京中"的一部分，但在时人眼里已不属于城区，变成了和保元之乱时的京外刑场一样偏僻的地方。在平安时代后期，维持京中治安的检非违使的职责范围就仅限于七条大路以北，也就是说，七条大路以南的地区在日常行政中已不被算作"京中"。平清盛想必认为，八条朱雀之地位于偏僻的七条大路以南，又靠近右京，在这里行刑也无大碍。

此外，朱雀大路距离平清盛此时逗留的八条亭极近，在这里行刑自然十分方便。在朱雀大路上行刑一事为推断西八条殿的位置提供了重要的依据，证明了西八条殿的西面与朱雀大路相邻，进一步佐证了《平家物语》中记载的"清盛宅邸在八条大路以北、坊城小路以西，一町见方"为真。此外，史料中也曾将平清盛的西八条居所称为"八条坊门第"，可见这处宅邸可能向北扩建了两町（《百炼抄》治承五年闰二月六日条）。

利用京都的源氏与开发京都的平家

综上所述，平家历经三代，开发了六波罗和西八条这两处新城区，可谓历史上第一批参与了平安京或京都城市建设的武士。与此相对，源氏似乎从未像平氏这样进行大规模的城市开发。可以说，源氏只是京都的利用者，平家则是京都的开发者，这正是平家的崛起在平安京或京都历史上的最大意义所在。正是以平家的崛起为发端，平安京或京都的城区开始因武士的努力而扩张。

261　　之前曾提到，六波罗不在平安京以内。所谓"京都"，是一座以平安京左京北部为中心，囊括了平安京外一系列新兴居住区和寺院区而成的新城市，平家对六波罗的开发因此构成了"京都"形成过程中的一个重要篇章，开辟了武士参与塑造"京都"的先河，具有里程碑式意义，而这一里程碑又正好与"京都"诞生的历史时期相吻合。由此可证，武士显然是"京都"这座城市不可或缺的缔造者之一。

除六波罗以外，平家一门还将左京南部的八条地段开发成大型居住区，继鸟羽院及其继承者（美福门院、八条院）的八条院町之后，一举扩大了对平安京内闲置土地的开发利用。八条院町位于八条大路东部，仍延续了平安时代朝廷致力于从左京向东进行城市开发的传统路线。相比之下，平家的开发范围则是沿八条大路向西扩张，直至左京最西端的朱雀大路，这一点在历史上十分特殊。平安京的人口分布重心呈逐渐远离右京，即从朱雀大路向东

转移的趋势，但只有平家精心耕耘其他人不屑一顾的朱雀
地区，这一点在历史上具有重大意义。

如前所述，平家（平清盛）在京都以外设有摄津国
福原这处据点，平家开发朱雀地区无疑是平清盛十分重视 262
京都和西国之间的交通联系的结果，而这种对西国的重视
也是一种仅见于平家（平清盛一家）的特殊情况（与此
相对，如本书页边码第189页源为义的发言所述，源氏始
终重视京都与东国之间的交通联系）。此外，正如本章之
前指出的，平家作为安德天皇的外戚，必须在平安京内设
一处可以用来抚养幼帝的据点，由此可见，平氏对朝廷政
治的主宰是其将根据地从六波罗迁往西八条的重要原因之
一。换言之，西八条的开发也可以说是保元、平治之乱后
特殊政治局面的产物。

综上所述，西八条地区之所以得到开发，是因为武士
第一次在朝廷确立了政治主导权，"京都"也作为"武者
之世"的第一个阶段性成果宣告诞生。较早进行的六波
罗开发，也作为"京都"诞生的嚆矢，具有同样重大的
意义。

第八章　"与殿下争道"事件

——主宰京都生活的武士思维

"路头礼"与"与殿下争道"事件

　　在平家主宰朝廷期间，朝廷与京都的社会风气发生了重大变化。例如，治承三年（1179）五月，时任检非违使别当的平时忠在自家门前斩去了十二名盗贼的双手（《山槐记》）。如此残酷的肉刑是朝廷从未施行过的，但平时忠受自己的姐夫平清盛影响，将苛烈的武士思维与司法习惯引入朝廷的执法机关——检非违使的工作中，彻底改变了这一机关的工作方式。不只如此，京都居民们的社会生活习惯也在武士们苛烈的思维与作风影响下发生了巨变。

　　仁安三年（1168），平清盛出家后隐居福原，长子平

重盛作为继任家主成为六波罗的主人，留在京都统率平家
众人。当年年底，平重盛一度以养病为由请辞权大纳言一
职，后又在嘉应二年（1170）四月复任。三个月后的嘉
应二年七月，平重盛在一起事件中证明了自己精力依然充
沛，甚至有些过于充沛，引发了一场震动京都居民的风
波。这起事件就是所谓"与殿下争道"事件。"殿下"是
对摄政关白的尊称，这起事件是因摄政松殿基房（藤原
忠通之子）的队伍与平重盛次子平资盛一行在京都的夜
路上遭遇而起的。

　　"与殿下争道"事件为什么引起了一场轩然大波？这
是因为松殿基房一方违反了当时的交通礼仪，大大激怒了
平重盛一方。"违反交通礼仪"在今人看来或许不值一
提，但在当时的社会，"交通礼仪"是维持社会身份秩序
的重要机制，违反交通礼仪无异于挑战社会准则。加之
"武者之世"下武人们蛮勇的思维方式作用，最终导致了
一场难以化解的冲突。

　　为理解"与殿下争道"事件，我们首先需要了解当
时的交通礼仪（桃崎有一郎，〔2005〕2010）。

　　在当时的京都，一个人乘交通工具在路上与他人相遇
时，有义务根据彼此的身份异同，向对方表示敬意，这种
礼节被称为"路头礼"。路头礼的背后没有法律依据，只
是一种社会习惯，但至迟在 10 世纪中叶的仪式书《西宫

265

记》中就已经有了路头礼的记载，在这之后的两个多世纪里，路头礼逐渐作为既成事实得到巩固，成为一种牢不可破的习惯。路头礼的源头是古代中国的律令和礼制，但在中国，这些礼节针对的是双方骑马相遇时的情形。日本的上流阶级多乘牛车，因此日本的路头礼以乘车为主要场景，形成了与中国不同的独特礼节体系。

和其他所有礼节体系一样，路头礼的首要原则也是"以卑让尊"，双方身份差距越大，较卑微一方的礼节就越周到。在路头礼体系中，更周到的礼节意味着更多地牺牲自己的方便：在路上等候久一些，在低头时角度大一些，在等待时更有耐心一些。

在较卑微一方看来，如果自己与对方身份差距极小，两人可以"扣车而过"，即将自己的车暂时停在路边的辅道上，等待对方的牛车通过。如果对方的身份较为尊贵，让路一方还需要"税驾"，也就是解下拉车的牛，表明"本车一段时间之内不会前进"。"扣车而过"时，让路者只需在路边暂停片刻让对方通过；但在"税驾"时，让路者需要把车在路边停放一段时间，以表明"为您方便，在下等多久都不要紧，还请您从容通过"。

如果对方的地位比"税驾"更为尊贵，让路者还需要为其"置榻"。"榻"指的是供乘客下牛车时使用的垫脚板。让路者在"置榻"时需要将榻放在牛车的出入口

266

前，再将鞋放在榻上，表明"小人就在这里候着，若有需要随时可以穿鞋下车，到您面前听候吩咐"。但这不是要真的穿鞋下车，而是摆出准备下车的姿态，表明对方实在过于尊贵，自己不惜在路边下车相见。

如果对方的地位比"置榻"更为尊贵，让路者就需要穿上鞋下车致意，是为"下车"之礼。如果对方身份比"下车"更为尊贵，让路者还需要行"蹲居"之礼，也就是单膝跪地来表达敬意。如果对方的地位极为尊贵，让路者在下车后还要行"平伏"之礼，即鞠躬四十五度。虽然不是真的五体投地，仍是一种十分谦卑的姿态，表明自己的头已压低到最大限度。这就是路头礼体系中级别最 267 高的礼数。

路头礼的礼节级别取决于双方位阶和官职的差距，以及对方是不是殿上人（能够进入天皇居所内里清凉殿的特权阶级）。例如，若在路上与大臣相遇，自己也官居大臣、大纳言或中纳言，双方只需"扣车"而过（地位较低者"扣车"）即可，但如果自己是参议就需要"税驾"；兼任弁官局长官左右大弁的参议因地位相对较低，在"税驾"后还需要"置榻"；藏人头、不兼任参议的大弁和五位藏人需要"税驾"；弁官局的次官和三等官中弁、少弁需要"下车"；位阶为四位的殿上人需要"税驾"，五位需"下车"，位阶为五位的"史"（太政官负责文书起草和管理工作的底层官吏）应"下车平伏"。

礼法原则与礼节实践：
自尊心的角逐与武力冲突

然而，路头礼不具备法律约束力，所以上述规矩也只能作为现实中的行动参考。《西宫记·临时五》中也有"礼法无所定，随便宜可思免耻"的建议，即指出路头礼并非明确规定，行事者当根据具体情况灵活处理，以避免受辱为要。

仅凭上述原则无法穷尽路头礼的实践情境，因为"尊卑"的秩序并不只是以位阶和官职为基础的。路头礼原本发端于中国古代儒家的基本价值观，即"礼"的思想。"礼"的思想认为世间万物都受到因果关系和先后顺序的约束，因此原生之物一定比派生之物尊贵，先生之物一定比后生之物尊贵（见页边码第104页）。

"礼"的观念对日本的诸多礼节产生了影响。例如，家族中兄长地位比弟弟高，嫡流地位比庶流高，在所有氏族中，天皇家地位最崇高，藤原氏次之，因为其祖神天儿屋根为天皇家的祖神——天照大神最得力的辅佐者。如此算来，臣下当中藤原摄关家的地位最高，其他人在思考尊

268

卑关系时也应对这一血脉给予应有的敬重。

就这样，路头礼的体系在之前提到的以位阶、官职为基础的基本原则之外，也约定俗成地加入了亲子之差、兄弟之别和血统贵贱之分等因素。这些因素背后没有法律规定，也没有具体的书面说明，这是因为当时的朝廷认为礼法不应以法律条文为基础。"礼"的思想认为，人的举止应根据"礼"这一世界运行的基本原则自发地受到理性约束，而"法"作为一种必要之恶，针对的是没有机会或能力锻炼自身理性的庶民，通过刑罚唤起庶民的恐惧本能，从而防止他们在动物本能的影响下犯罪。当时的人认为，以书面形式具体规定上流阶级的礼法规则本身就是礼制废弛的体现，所以直到镰仓时代后期龟山上皇主持编纂《弘安礼节》之前，朝廷从未颁布官方的礼节规范。

那么，龟山上皇为何要编写《弘安礼节》呢？这是 **269**因为在他的时代，藤原摄关家等上流贵族坚持血统上的尊贵性，而当时通过依附院政从摄关家独立出来的中流贵族则抗拒这种秩序，导致贵族社会纠纷频发。为稳定局面，朝廷不得不编写《弘安礼节》，这也可以说是一种例外的必要之恶。

因为"礼"的思想拒绝对礼节进行有强制力的明文规定，礼法的正确实践最终完全取决于个别场景的具体考量。虽然身份较低的人无论何时都需要礼让，但礼让的程度并无标准答案。因此，围绕"礼让的程度"这一问题，当事双方之间时常发生分歧。如此一来，礼节的实践就会变成双方自尊心的较量，滋生紧张气氛。如果当事的其中一方以"摄关之子""天皇外戚""院近臣"等身份自恃，而另一方对此不以为然，就会产生矛盾。在路头礼引发的纠纷中，当事者之间的冲突往往始于当场爆发的口角。

在镰仓时代末期的延庆四年（1311）三月，当时后伏见上皇的牛车与右大臣二条道平的牛车在路上迎头相遇，随侍上皇的北面（下级廷臣）没有下马就想通过。右大臣一方的随从因此威胁"这厮真是无礼，看我把他拽下马来"，于是上皇一方的北面侍从们只得下马（《新院姬宫御行始记》）。右大臣一方的随从们认为即使是上皇的随从也不能对右大臣无理，毫无顾忌地放言要予以惩罚，路头礼纠纷的危险性从中可见一斑。

在上述事件中，上皇一方的随从最终屈服于右大臣一方的恫吓而下马，没有引起事端，但在十四年后的正中二年（1325）九月，京都街头发生了另一起事件。当时有一个骑马的人在路上与后伏见上皇的队伍迎头相遇，上皇一方的随从们虽一度迫使那人下马，但他在上皇的队列完全通过之前再次上马，以示反抗。上皇一方的北面威胁将他强行拽下马背，但那个骑马的人反而拔刀大骂"那就来试试",引起了一场斗殴。最终,这个骑马的人寡不敌众,被北面从马背上拽了下来,手中的太刀也被夺去,在打算拔出另一把刀"刃伤"上皇随从时,被北面的下人引弓相向,不得不逃走(《花园天皇宸记》)。在"武者之世",好斗易怒的武士们甚至在上皇的随从面前也敢于拔刀相拼,路头礼纠纷时常因此演变成动用刀剑与弓矢的白刃战。

藤原赖长与平信兼的冲突:
武士自尊心的膨胀

在被慈圆称为"武者之世"起点的保元之乱爆发的前一年,即久寿二年(1155)二月,一场冲突为路头礼纠纷的危险性提供了鲜明的例证。在京中偶然相遇的左大臣藤原赖长与左卫门尉平信兼之间围绕路头礼发生冲突,最终酿成多人死亡的惨剧。当时,平信兼从自己的 271 车中走出,来到附近的一棵树下,对藤原赖长行蹲居之礼,但赖长一方的随从认为平信兼有失礼数,殴打了平信兼并破坏了他的牛车。自觉受辱的平信兼勃然大怒,以弓箭反击,当场射死赖长手下的几名随从。藤原赖长仓皇逃走之后向鸟羽院举报此事,平信兼最终获罪免官(《兵范记》)。

为什么对赖长行"下车蹲居"之礼的平信兼受到了赖长随从的刁难乃至暴力侮辱呢？这是因为根据路头礼的原则，平信兼只对赖长行"下车蹲居"之礼是不够的。如前所述，在当时的路头礼规范之下，官居六位左卫门尉的平信兼在路上与左大臣赖长相遇时不能只"下车蹲居"，而是应采用更高一级的礼数"下车平伏"。平信兼没有做到这一点，在赖长的车驾前只以蹲居了事，赖长的手下对此忍无可忍，于是对他施加了暴行。

那么，平信兼没有选择"下车平伏"，只是因为他对路头礼缺乏认识吗？这也不太可能。根据多项史料的记载，平信兼一直作为朝廷的下级官僚在京城活动，不可能不了解路头礼的常识。平信兼想必是在对路头礼有所认识的情况下故意选择了更简单的下车蹲居之礼，以羞辱藤原赖长。

藤原赖长认为平信兼和自己的身份差距极大，但平信兼自己却不这么认为。这不是因为他轻视左大臣赖长的地位，而是相信自己的地位比对方眼中自己的地位更高，这正是"武者之世"在京都降临的表征。在此事发生不久前离世的平忠盛生前升任刑部卿，甚至获得了升殿资格，他的经历表明在长达半个多世纪的院政统治之下，得益于作为"治天之君"（施行院政的上皇）的白河院和鸟羽院的栽培，武士的地位已大为提升。平信兼的自尊心也因此膨胀，令左大臣感觉受到了侮辱。与此同时，藤原赖长的随从也轻视了武士的自我意识，认为自己只是在捍卫社会常识，最终伤害了武士的自尊心，引起了武士的武力抵抗，造成多人死伤。这起事件无疑向当时的朝廷与贵族社会表明，武士已不再像从前那样忍气吞声，如果受到压迫就会毫不犹豫地以暴力手段维护自我。这便是"武者之世"即将来临的象征。

在保元、平治之乱以前，就连出身平氏支流的平信兼也有此胆量，那么，平家（平氏的主流）在保元之乱中作为武士成为政坛主角，并在平治之乱中成为朝廷股肱以后，平家诸人的自我意识之高涨简直令人难以想象。除此之外，因为时人相信平清盛是白河院的私生子，他官拜太政大臣，在朝中大权在握，他的子孙们无疑更为自傲，对自己家族的特殊身份深信不疑。

"与殿下争道"事件：摄政松殿基房攻击平资盛车驾

平重盛之子平资盛似乎就拥有这种极为高涨的特权意识。他虽是平重盛的次子，但在"与殿下争道"事件发生的嘉应二年（1170）七月已被九条兼实（摄政松殿基房的异母弟）在日记《玉叶》中明确称为"重盛卿的嫡

273

子"。虽然后来继承了平重盛地位的是长子（平资盛的异母兄）平维盛，但此时的重盛嫡子仍是资盛。作为未来平家一门的家主，平资盛有资格继承极大的权势，他自己想必也心比天高，不把摄关家放在眼里。

就这样，摄政松殿基房不幸在京都的街道上与平资盛相遇了。松殿基房原本并无侮辱平资盛之意。《玉叶》记载，平资盛乘女官的牛车出门游玩，当时谁也不知车中乘坐的其实是他，如果他乘自己的车出行，想必不会有人敢于挑衅。然而，平资盛乘坐的牛车从外表上看不过属于一位"不明身份的女性"，可他乘用此车时的举止依旧我行我素，这种表里之间的反差最终惹出了大祸。很明显，此事的过错在平资盛一方。

松殿基房的手下们在街头袭击了平资盛的牛车，将其"砸坏"。他们起初的动机应只是教训一下在摄政的车驾前如此失礼的女官，但在打砸牛车时却在车中看到了平资盛。虽然这场纠纷的责任当在没有亮明身份的平资盛，但松殿基房确实袭击了平清盛的嫡孙，令平家蒙羞，这一结果令他坐立不安。

松殿基房立刻派人将参与袭击的手下扭送到平资盛之父平重盛处，"任凭贵方依法处置"。这样一来，松殿基房表明了己方没有恶意，愿意让对方惩罚己方犯事者的态度，尽可能地照顾了平家一方的颜面。

274

然而，平重盛将松殿基房扭送来的肇事者退了回去。这不是为了表示宽恕，而是拒绝接受松殿基房一方的谢罪姿态，表明自己不会就此善罢甘休。

两天后，坊间流传起"平重盛心中对'乘逢'〔争道〕事件仍有恨意"的传闻。争道事件在日语中一般写作"乘合"，指的是乘坐同一交通工具的两人是否礼让的问题，因此在这里将争道事件写作"乘逢"，而这里指在乘坐交通工具时于路上相遇而发生的冲突更为妥当。

松殿基房因这些传言恐惧不已，一心只想逃过平重盛的报复，于是立刻下令处置此次争道事件的肇事者。摄政一方的肇事者中既有近卫府派给摄政充当卫兵的武官"随身"，也有在主人车前开道的仆役"前驱"，还有身份更低的杂役"舍人"和牛倌"居饲"。涉事的随身和前驱共七人受到惩罚（可能是放逐、禁闭），舍人和居饲则作为犯罪者被扭送检非违使。松殿基房单方面重罚了自己的手下，就像历来的上位者一样，让部下去承担事件的全部后果。

平重盛的报复：
连摄政也会被武士报复的时代

虽然上述表态并无虚假之意，松殿基房仍犯下了一个

致命的错误，那就是没有亲自道歉。这不是松殿基房的一

275 时疏忽，而是因为"摄政者，代天子行政之职也"，摄政
是天皇的代行者，地位"近于天皇"（《吉记》文治元年
十二月二十七日条）。因此，松殿基房不可能向大纳言平
重盛或官居五位越前守的平资盛低头道歉，就算他想谢
罪，他的地位也不允许他这么做。松殿基房贵为摄政却有
名无实，甚至在现实中反过来为尊贵的地位所累，这便是
身份制社会的吊诡之处。

　　就算松殿基房单方面处置了肇事者，平重盛也不愿息
事宁人。松殿基房一度因此战栗度日，在外出时更是尤为
小心。"与殿下争道"事件发生十多天后，松殿基房从名
为闲院（二条大路以南、西洞院大路以西）的宅邸出发，
前往先祖藤原道长建造的法成寺（东京极大路以东、近
卫大路以北），但在二条大路与东京极大路的交叉口附近
发现一些"武士"正在"群集"。这些武士似乎受到平重
盛的指示，打算报复"争道之遗恨"，正在这里等候基房
一行赶来，准备将基房车驾前的前驱人员抓走。松殿基房
因此大感恐慌，决定打道回府。

　　这样一来，松殿基房甚至无法踏出府邸一步，朝廷的
政务也因摄政的缺席而停滞。但此时，朝廷正在为年满十
岁的高仓天皇准备元服的仪式，必须要摄政出席会议。在
"与殿下争道"事件三个月后的嘉应二年（1170）十月，

会议终于召开，松殿基房决定出席。这到底是因为他觉得事态已经平息，还是明知自己依然有可能受到袭击，但囿于摄政的地位不得不外出公干，如今已不得而知。唯一可以确定的是，松殿基房在参会途中不出意料地遭到了报复。

当松殿基房经过大炊御门大路和堀川大路的交叉口赶往内里时，路边突然出现大批武士，将基房车驾前的先导人员全部拉下马来。基房一行恐惧不已，连滚带爬地逃回宅邸，朝廷的会议也因摄政缺席而不得不延期。

这里值得注意的是，摄政拥有"近于天皇"的崇高地位，但武士们依旧以摄政为目标，毫不犹豫地进行了报复，在时人看来可谓骇人听闻。通过公开报复摄政松殿基房，武士们表明了无论被日本国内的什么人欺侮，自己都不惜通过直接的暴力行动还以颜色。这就是"与殿下争道"事件的历史意义。

作为宣传活动的报复，作为媒体平台的京都

平重盛手下的报复行动总体来说十分克制，对于手段的选择也十分精明。他们只是把松殿基房车驾前的先导人员从马背上拉下来，既没有造成人员死伤，也没有直接对基房出手。和十五年前射杀左大臣赖长手下多名随从的平信兼相比，平重盛的做法理智得多。与当代那种彻底失控

的"路怒症"司机相比，平重盛显然保持了自己作为社会人的理性思维。而即便如此理性，平重盛依然坚持要求对松殿基房施加报复，这都是因为松殿基房一方越过了武士思维中最不可逾越的一道红线。

277　　　在武士心中，受辱是最不可接受的，这一点在近代以前从未变过，恐怕在明治维新时依然如此，可谓武士性格的核心部分。因此，武士在生活中总是十分注意个人尊严，防范他人轻慢自己，但无论多么小心，武士难免会因他人的过失受到侮辱。在武士看来，这种廉耻心被他人轻易践踏侮辱的经历是最为可恨的。

　　如果在众目睽睽之下受人侮辱，武士就决不能忍气吞声，只有报仇才能雪耻。为了防止自己再被侵犯，武士必须给对手施以同样的屈辱，既让对手偿还颜面上的"欠债"，也释放了"人若犯我我必犯人"的信号。在"与殿下争道"事件后，平重盛如果不报复松殿基房，摄关家、公卿阶层乃至武士们就会轻视平家，因此重盛除了出手报复之外别无选择。而且，一旦决定要动手雪耻，哪怕影响到天皇元服仪式的日程，给天皇造成了麻烦也要坚决执行下去。只有摆出这样的强硬姿态，才能让世人明白"羞辱平家的人一定逃不脱报复"。

　　报复行动的三天后，松殿基房与平重盛两人同时入宫觐见，平重盛借这一姿态表明自己在出手报复之后已经消气，愿意与松殿基房和好。然而，平重盛此次入宫时一反常态，带着"众多武者"随行。这无疑也是在宣示任何羞辱平家的人都是在与这些雄壮的武士为敌，让世人好自珍重。

不过，平重盛的自我控制意识同样值得玩味。他在报复松殿基房时没有造成人员死伤，也没有防卫过当，在给对方施加同等的羞辱之后便愿意重归于好。这种行事作风和"殿上夜袭"事件中平忠盛的表现如出一辙（见页边码第 129 页）：两人都表现出强悍的姿态，向试图羞辱自己的人明确释放出"睚眦必报"的信号，但在现实中又不会给对手造成实质性伤害。这种在报复心理和自制力之间达到完美平衡的分寸感体现了平家卓越的"社会性"，也是平家能在诸多武士家族中脱颖而出，一路升至朝廷高层的诀窍。

平重盛在报复松殿基房时没有袭击后者的居所，而是在基房外出途中下手，这一点也值得注意。平重盛之所以派人在路上下手，是为了在基房外出时扰乱他的仪仗，以最直白的方式让京都的大众目睹基房受辱的场面。通过这一象征性做法，平重盛把自己的立场传达给了大量受众。这表明在京都街头，无论是严整华丽的仪仗行列，还是故意让仪仗蒙羞的暴行，都是一种以视觉方式宣扬自身身份的宣传活动。就这样，京都的街道成了一种媒体平台，在历史上发挥了越来越重要的作用。

278

293

结语 京都："兴也平家，亡也平家"

　　在平安京建成之初，武士还未出现。但从朝廷设置泷口武士之职，派他们保护都城免受群盗骚扰的时刻开始，平安京逐渐成为一座离开武士便无法维系的城市。进入院政时代，平安京开始蜕变为"京都"，武士也在这一过程中得到保留，成为京都这座城市的重要支柱。

　　在那以后，直到明治维新为止，强大的武士始终属于京都这座城市的一部分。如本书所述，平安时代的京都有着源氏、平氏等武士家族，后来的镰仓幕府也在京都设置了六波罗探题一职，以维护京都治安、统领西国武士。进入室町时代，幕府将根据地设在京都，到第三代将军足利义满时更是与朝廷融合，从那以后，京都进入了与将军和幕府密不可分的时代［详情请见笔者旧著《室町的霸者——足利义满》（『室町の霸者 足利義満』）］。室町幕府衰败以后，出身地方的三好氏与织田信长先后将京都收入囊中。织田信长任命京都所司代管理京都的治安和行政工作，这一职位在后来的丰臣秀吉时代和江户时代也得到继承。江户幕府还在京都设置町奉行，巩固了对京都的管理，在幕末时期还设置了京都守护职，委任会津藩主率本藩士兵常驻京都。

在这长达千年的岁月里，京都一直与武士共存共生，可见武士并非从外部闯入京都的异物。即便如此，人们仍时常将武士视为与京都性质相异的东西，这主要是因为朝廷（廷臣）一直把与自己价值观不同的武士视为异己，而在现代，京都的历史又是在很大程度上根据朝廷（廷臣）的记录来塑造的。更进一步说，把天皇在幕末时期于京都二条城举行大政奉还仪式解读为天皇从武士手中夺回京都，这样的看法只是日本近代意识形态的糟粕。我们不能被偏颇的史料和近代日本的官方政治宣传蒙骗。

只要直面史料，我们就不难发现，所谓"京都"是既存的平安京（的残骸）与武士两大要素为适应院政这一政治体制的要求而进行重组，在加入了白河、鸟羽等"外接设备"之后诞生的一座"为院政定制"的新首都，这一过程可以简要概括如下：

$$（平安京 + 武士）\times 院政 = 京都$$

京都的诞生：武士缔造的战乱之都

　　随着依托院政而崛起的平家在平清盛的领导下于治承三年（1179）发起政变，从院政体制中独立，京都成了一座由武士掌握最高权力，"为武家政权量身定做"的首都。在平正盛的时代，伴随着院政的兴起和平家的壮大，六波罗、西八条等新的城区开始发展起来，这一事业结束后，京都终于粗具规模。

　　如果把白河、鸟羽院政时期以白河、鸟羽和六波罗等新城区为基础诞生的京都称为京都1.0，那么在平清盛和后白河院建造西八条殿和法住寺殿以后，规模进一步得到扩张的京都可谓升级后的京都2.0。这一"版本升级"正是"武者之世"来临的历史成果，也是平清盛在"白河法皇私生子"之说的背景下站上权力巅峰的结果。在这种意义上，京都1.0的建造可以说是白河院政逐渐确立的过程本身，京都2.0则是白河院政一系列遗留因素综合产生的必然结果，可谓白河院政的总清算。

　　有趣的是，"京都"的完全形态存在一个根本性的矛盾。无论是平安京还是京都，日本国首都首先都是作为"天皇宫殿的所在地"而存在的。天皇和首都绝对不可分割；而在这一时期，因为天皇与院政体制融为一体，院政自然也无法与首都分离。

　　然而，随着武士从院的手中接过了日本的最高权力，国家的最高掌权者已不再需要拘泥于都城。平家虽然为完善京都出力不少，但这些努力本质上都是对院政的献媚，一旦讨好院政的理由不复存在，平家也就不再有建设京都的必要。这就招来了一个颇具讽刺意味的结果：一手让京都趋于完善的平家，轻而易举地将京都弃于不顾。于是，在治承三年政变的第二年，平清盛断然决定迁都福原。因为武士已成为京都不可或缺的一部分，当武士们抛弃京都时，京都本身也陷入了致命危机。

之所以说京都在平清盛的时代趋于完成，是有一定原因的。京都的发展在平清盛权势的鼎盛时期也抵达了波峰，但在那之后，京都的情况急转直下，在短短数年间便彻底崩溃了。袭击京都的第一场灾难是将左京北部大部分城区烧毁的“安元大火”。三年之后的治承四年（1180），京都因平清盛迁都福原而失去了“唯一首都”的地位，在艰难复兴的过程中，京都城内又刮起了名为“辻风”的强风（或为龙卷风），导致大量民家被毁、人员死亡。就在同一年，源平合战爆发，京都进入战时状态。从次年即养和元年（1181）开始，日本各地又被长达两年的“养和饥馑”袭击，因赋税供给困难，京都城中有数万人饿死。在这场饥馑尚未平息之际，平家又在木曾（源）义仲的攻势之下拱手让出京都，令京都被饥肠辘辘的源氏军队所蹂躏。在木曾义仲和平家灭亡之

282

后，源义经又与源赖朝兄弟阋墙，险些将后白河法皇绑出京都。在这些劫难过后，京都最终还遭受了"元历大地震"的致命冲击，城区街道彻底被这场史无前例的特大地震摧毁。

就这样，京都在短短数年之内见证了一系列罕见的严重灾害，大片城区沦为焦土荒原。而随着平家覆灭、镰仓时代来临，新建立的镰仓幕府不得不着手复兴这座满目疮痍的首都，从此刻开始直到明治维新以前，内里的重建与维护之责便落到了幕府的肩上。天皇的都城里必须有一座内里，否则京都便不能被称为京都。既然幕府承担了内里的维护工作，京都依然是一座离开了幕府（武士）便无法存在的城市，幕府也因此在京都的历史上扮演着不可或缺的角色。

283　　然而，在日本中世，前后有数人放火点燃了由幕府费心维护的内里，究竟是什么人如此放肆？答案是惊人的：在内里放火的犯人就是天皇。无论京都的旅游指南还是大众媒体的报道都不断灌输着"天皇守护京都，武士蹂躏京都"的印象，但历史的实情与此截然相反，恰恰是武士在不断守护着京都，而在京都胡作非为的往往是天皇。在历史上，天皇时常为一己之私将内里点燃并毁弃，但这些事实迄今为止并没有得到充分的关注。虽然可能有极少数历史学家注意到了这一点，但他们仍选择将其秘而不宣，在历史学界瞒天过海。这是笔者在完成本书之后希望关注的主题，如有机会一定会详加介绍。

*

在本书结尾，笔者谨向在百忙之中抽出时间读完本书的读者诸君，因注意到笔者的前著《探求武士的起源》而让笔者有幸写作本书的文艺春秋出版社的波多野文平、水上奥人等诸位老师，以及其他于公于私为笔者和本书的写作提供支持的人表示诚挚的谢意。此外，本书刊载的地图大多引自山田邦和先生的研究著作。笔者本打算以山田邦和先生的图片为基础略加修改，以使其更贴合本书的主题，但无论如何也想不出更为妥当的做法。因此，笔者承蒙山田先生厚爱，获得了转载、加工图片的特别许可，得以从山田先生的著作中选出最具意义的图片插入本书，在此向山田先生表示郑重感谢。以山田先生为首，京都的平安京/京都研究集会成员们曾对笔者在本书中关于京都的论点多有指教，有鉴于此，本书也将山田先生写作的历史观光指南（山田邦和，2017）收录在书末的参考文献之中。山田邦和先生的旅游指南中收录了很多诸如"'七

284

条'必须读作'ひちじょう'①"等只有土生土长的京都（上京）考古（历史）学者才能提出的精辟意见，读来发人深省，读者诸君在京都访古时若将这本指南带在手边，必将有新的发现。

●本书是在日本学术振兴会（JSPS）科研拨款项目 JP16K—16911 资助下取得的研究成果之一。

---

① "七条"通常被读作"しちじょう"（Shichijou），"ひちじょう"（Hichijou）为京都方言。

参考文献

　　本书的写作参考了武士（源氏、平家）研究、平安京（及京都）研究和城市理论研究等领域长年以来积累的丰厚成果，但除一例（山田邦和，2017）以外，以下只列出与本书论述直接相关的文献目录。

　　江馬務ほか訳『大航海時代叢書Ⅸ・Ⅹ　日本教会史　上・下』（岩波書店、一九六七・一九七〇年）

　　大村拓生「鳥羽と鳥羽殿」（『中世京都首都論』、吉川弘文館、二〇〇六年、初出二〇〇〇年）

　　金子拓『織田信長〈天下人〉の実像』（講談社現代新書、二〇一四年）

　　川本重雄「続法住寺殿の研究」（髙橋昌明編『平安京・京都研究叢書1　院政期の内裏・大内裏・院御所』、文理閣、二〇〇六年）

神田千里『織田信長』（ちくま新書、二〇一四年）

京都市編『史料　京都の歴史』（平凡社、一九七九～一九九四年）

佐伯智広「二条親政の成立」（『中世前期の政治構造と王家』、東京大学出版会、二〇一五年、初出二〇〇四年）

下坂守『京を支配する山法師たち——中世延暦寺の富と力』（吉川弘文館、二〇一一年）

髙橋昌明『［増補改訂］清盛以前——伊勢平氏の興隆』（平凡社、二〇一一年、初出一九八四年）

髙橋昌明「平家の館について——六波羅・西八条・九条の末」（『平家と六波羅幕府』、東京大学出版会、二〇一三年、初出一九九八年）

髙橋昌明編『平安京・京都研究叢書1　院政期の内裏・大内裏と院御所』（文理閣、二〇〇六年）

髙橋昌明『平清盛　福原の夢』（講談社、二〇〇七年）

瀧浪貞子「初期平安京の構造——第一次平安京と第二次平安京」（『京都市歴史資料館紀要』一、一九八四年）

詫間直樹『皇居行幸年表』（続群書類従完成会、一九九七年）

角田文衞総監修、財団法人古代学協会・古代学研究所編集『平安京提要』（角川書店、一九九四年）

東野治之「日記にみる藤原頼長の男色関係——王朝貴族のウィタ・セクスアリス」（『ヒストリア』八四、一九七九年）

栃木孝惟ほか校注『新古典文学大系 43　保元物語　平治物語　承久記』（岩波書店、一九九二年）

中澤克昭『肉食の社会史』（山川出版社、二〇一八年）

長村祥知「治承・寿永内乱期の在京武士」（『立命館文学』六二四、二〇一二年）

丹生谷哲一「検非違使とキヨメ」（『［増補］検非違使——中世のけがれと権力』、平凡社ライブラリ｜、二〇〇八年、初出一九八〇年）

野口実「「京武者」の東国進出とその本拠地について——大井・品川氏と北条氏を中心に」（『京都女子大学宗教・文化研究所　研究紀要』一九、二〇〇六年）

古澤直人『中世初期の〈謀叛〉と平治の乱』（吉川弘文館、二〇一八年）

松田毅一・川崎桃太訳『完訳フロイス日本史 1 ～ 12』（中公文庫、二〇〇〇年）

美川圭『白河法皇——中世をひらいた帝王』（角川

ソフィア文庫、二〇一三年、初出二〇〇三年)

　美川圭「院政期の京都と白河・鳥羽」(西山良平・鈴木久男編『古代の都3　恒久の都　平安京』、吉川弘文館、二〇一〇年)

　村井康彦編『よみがえる平安京』(淡交社、一九九五年)

　元木泰雄『武士の成立』(吉川弘文館、一九九四年)

　桃崎有一郎『平安京はいらなかった──古代の夢を喰らう中世─』(吉川弘文館、二〇一六年)

　桃崎有一郎『武士の起源を解きあかす──混血する古代、創発される中世』(筑摩書房、二〇一八年)

　桃崎有一郎「中世公家社会における路頭礼秩序──成立・沿革・所作」(『中世京都の空間構造と礼節体系』、思文閣出版、二〇一〇年、初出二〇〇五年)

　桃崎有一郎「中世後期身分秩序における天皇と上皇・室町殿──身分尺度としての陣中・洛中の分析から」(同前書、初出二〇〇八年)

　桃崎有一郎『室町の覇者　足利義満──朝廷と幕府はいかに統一されたか』(ちくま新書、二〇二〇年)

　山田邦和『京都都市史の研究』(吉川弘文館、二〇〇九年)

山田邦和『平安京・京都研究叢書2　日本中世の首都と王権都市——京都・嵯峨・福原』（文理閣、二〇一二年）

山田邦和『京都　知られざる歴史体験　上・下』（新泉社、二〇一七年）

山本雅和「都の変貌」（西山良平・鈴木久男編『古代の都3　恒久の都　平安京』、吉川弘文館、二〇一〇年）

图书在版编目（CIP）数据

　　京都的诞生：武士缔造的战乱之都 ／（日）桃崎有
一郎著；徐一彤译. -- 北京：社会科学文献出版社，
2022.1
　　ISBN 978 - 7 - 5201 - 8493 - 9

　　Ⅰ.①京… 　Ⅱ.①桃… ②徐… 　Ⅲ.①京都 - 地方史
Ⅳ.①K313.9

　　中国版本图书馆 CIP 数据核字（2021）第 103043 号

京都的诞生：武士缔造的战乱之都

著　　者 ／ 〔日〕桃崎有一郎
译　　者 ／ 徐一彤

出 版 人 ／ 王利民
责任编辑 ／ 沈　艺
责任印制 ／ 王京美

出　　版 ／ 社会科学文献出版社·甲骨文工作室（分社）（010）59366527
　　　　　　地址：北京市北三环中路甲 29 号院华龙大厦　邮编：100029
　　　　　　网址：www.ssap.com.cn
发　　行 ／ 市场营销中心（010）59367081　59367083
印　　装 ／ 三河市东方印刷有限公司

规　　格 ／ 开本：889mm × 1194mm　1/32
　　　　　　印张：9.625　字数：178 千字
版　　次 ／ 2022 年 1 月第 1 版　2022 年 1 月第 1 次印刷
书　　号 ／ ISBN 978 - 7 - 5201 - 8493 - 9
著作权合同
登记号　　／ 图字 01 - 2021 - 4627 号
定　　价 ／ 65.00 元

本书如有印装质量问题，请与读者服务中心（010 - 59367028）联系

▲▲ 版权所有 翻印必究